Manual de Entrenamiento para Meseros, Meseras y Personal

Una Guía Completa para Empleados con los Pasos Correctos para el Servicio de Comidas & Bebidas

LORA ARDUSER & DOUGLAS R. BROWN

Manual de entrenamiento para Meseros & Meseras y miembros del personal: Una Guía completa para Empleados con los Pasos Correctos para el servicio de Comidas & Bebidas.

Atlantic Publishing Group, Inc. Copyright © 2005 • 1210 SW 23rd Place • Ocala, Florida 34474 • PH 800-814-1132 • FAX 352-622-5836
www.atlantic-pub.com–Web site
sales@atlantic-pub.com–E-mail

SAN Number: 268-1250

International Standard Book Number: 0-910627-48-7

Library of Congress Cataloging-in-Publication Data

Arduser, Lora.
   [Waiter & waitress and waitstaff training handbook. Spanish]
   Manual de entrenamiento para meseros & meseras y personal : una guia
completa para empleados con los pasos correctos para el servicio de comidas
& bebida / Lora Arduser & Douglas Robert Brown.
      p. cm.
   Includes index.
   ISBN 0-910627-48-7 (alk. paper)
   1. Table service--Handbooks, manuals, etc. 2. Waiters--In-service
training--Handbooks, manuals, etc. 3. Waitresses--In-service
training--Handbooks, manuals, etc. I. Brown, Douglas Robert, 1960- II.
Title.

TX925.A72 2005
642'.6--dc22
                            2005047815
Impreso en los Estados Unidos

Cubierta, disposición y diseño de Meg Buchner para Megadesign
www.mega-designs.com • e-mail: megadesn@mchsi.com

Tabla de contenidos

Capítulo 1 El personal de servicio

Capítulo 2 Tipos de servicio y montaje de mesas

Capítulo 3 Recepción

Capítulo 4 Servicio de Mesa

Capítulo 5 Toma de Órdenes

Capítulo 6 Transporte de Bandejas

Capítulo 7   Sugerencias y Ventas Sugestivas

Capítulo 8   Cuidado de los Niños

Capítulo 9 Tareas de Trabajo Paralelo de Meseros

Capítulo 10 Conocimiento del Menú

Capítulo 11 Sistema Electrónico de Órdenes

Capítulo 12 Empleados que Reciben Propinas

Capítulo 13   Servicio de Bebidas

Capítulo 14 Bus

Capítulo 15 Sanidad y Seguridad

Capítulo 16   Formularios del Lugar de Trabajo

Nosotros hemos recientemente perdido a nuestra amada mascota "Bear," quien no solo fue nuestro mayor y más querido amigo sino también "Vice Presidente de Rayo de Sol" aquí en Atlantic Publishing. Si bien el no recibía un salario, trabajaba desinteresadamente 24 horas por día para satisfacer a sus padres. Bear era un perro rescatista que daba vueltas y me empapaba a mí, a mi esposa Sherri, a sus abuelos Jean, Bob y Nancy y a cada persona y animal que él conocía (tal vez no conejos) con amistad y amor. El hacía sonreír a muchísimas personas cada día.

Queremos hacerle saber que parte de las ganancias de este libro serán donadas a The Humane Society of the United States.

–Douglas & Sherri Brown

El vínculo entre los humanos y los animales es tan antiguo como la historia de la humanidad. Nosotros amamos a nuestras compañías animales por su afecto incondicional y su aceptación. Nos emocionamos al observar a las criaturas salvajes en su hábitat natural o en nuestro patio trasero.

Desafortunadamente, el vínculo entre los humanos y los animales se ha debilitado por momentos. Los humanos han explotado algunas especies animales hasta llevarlas a la extinción.

La Sociedad Humana de los Estados Unidos (The Humane Society of the United States - HSUS) marca una diferencia en las vidas de los animales aquí y a lo ancho del mundo. La HSUS se dedica a crear un mundo en el cual nuestra relación con los animales es guiada por la compasión. Buscamos una sociedad verdaderamente humana en la que los animales sean respetados por sus valores intrínsecos, y donde el vínculo entre humanos y animales sea fuerte.

¿Quiere ayudar a los animales? Nosotros tenemos muchas sugerencias. Adopte una mascota de un refugio local, únase a The Humane Society y sea parte de nuestro trabajo ayudando a animales salvajes y de compañía. Usted estará contribuyendo con nuestros proyectos educacionales, legislativos, investigativos y organizacionales tanto en los Estados Unidos en el mundo.

¿O tal vez le agradaría realizar una donación en memoria y honor de una mascota, amigo o familiar? Usted puede a través de nuestro programa "Kindred Spirits" ("Espíritus de Parentezco"). Y si le gustaría contribuir de una manera más estructurada, nuestra "Oficina de Dádivas Planificadas" (Planned Giving Office) tiene sugerencias acerca de planeamiento estatal, pagos anuales, y hasta regalos no alcanzados por tasas capitales de ganancias.

Quizás usted posea tierras que le gustaría fueran preservadas como hábitat perdurable para la vida silvestre. Nuestra "Organización de Tierras de Vida Silvestre" (Wildlife Land Trust) puede ayudarlo. Tal vez la tierra que desea compartir es un patio trasero—eso es suficiente. Nuestro "Programa de Santuario Urbano de Vida Silvestre" (Urban Wildlife Sanctuary Program) le mostrará como crear un hábitat para sus salvajes vecinos.

Como Usted puede ver, es sencillo ayudar a los animales. Y la HSUS está aquí para ayudar.

The Humane Society of the United States
2100 L Street NW
Washington, DC 20037
202-452-1100
www.hsus.org

Introducción

En muchos países, servir las mesas es considerado una profesión
honorable y una forma muy respetable de ganarse la vida. Incluso
hay escuelas para educar a la gente sobre como llegar a ser
servidores "profesionales". En los Estados Unidos, principalmente,
este no es el caso. En muchas oportunidades, entrevistarás a un
estudiante, a un padre trabajador o a alguna persona buscando
un empleo de medio tiempo o quizás un empleo de pocas horas.
Invertir en entrenamiento y educación puede reducir la rotación
y aumentar la productividad. La tecnología es importante en el
entrenamiento, pero llegar a través de tus empleados es aún más
importante. La disposición del salón y el tipo de servicio brindado,
afectan las tareas asignadas a los meseros y meseras y la manera
exacta en que dichas tareas son llevadas a cabo. Sin embargo,
ciertas tareas fundamentales vinculadas al servicio de la comida son
comunes para la operatoria de comestibles.

Los procedimientos precisos para el salón pueden variar entre
distintas unidades de servicio. La eficiencia del mesero se mide por
el cuidado y atención con las que lleva a cabo sus tareas – antes de
realizar el servicio, antes de tomar la órden, después de prestar el
servicio y después que el cliente dejó la mesa.

Numerosas encuestas de la industria muestran que el servicio
ofrecido por el personal es a menudo el factor decisivo para volver
al restaurant o dirigirse a la competencia. Ofrecer una comida
estupenda no es suficiente para resultar competitivo. Está en Ud., el
gerente, entrenar, motivar y supervisar al personal para asegurar su
éxito y hacer que los clientes regresen y le hablen al mundo sobre
su establecimiento.

Los resultados de la encuesta de Food and Wine's Food in América
2002 indican claramente a cualquier dueño o gerente de restaurante

que los clientes consideran al servicio como una parte importante en su experiencia con la comida en general. Los resultados de la encuesta incluyen los siguientes ítems detestados por los clientes:

Meseros que desaparecen..23%
Meseros vanidosos o arrogantes 13%
Meseros que merodean.. 5%
Larga espera entre platos 5%
Especiales ofrecidos sin su precio correspondiente...... 2%

Este nuevo manual de entrenamiento fue diseñado para su uso por parte de todos los miembros del personal del servicio de comidas. La guía cubre cada aspecto del servicio al cliente dentro del restaurante para los puestos de anfitrión, mesero o mesera, jefe de meseros, capitán, y bus. El detalle de las tareas pertinentes a cada puesto se describe para los diferentes tipos de establecimientos y para todos los tipos de servicio incluyendo Francés, Americano, Inglés, Ruso, Estilo Familiar y Banquete. Provee de instrucciones paso a paso sobre:

- Recepción
- Toma/Llenado de órdenes
- Servicio de mesa de apoyo
- Montaje de una mesa elegante
- Centros de mesa
- Promociones
- Clientes difíciles
- Manejo de la cuenta
- Hacer que los clientes ordenen rápido
- Administración de propinas y tasas

- Ubicación de clientes
- Carga/Descarga de bandejas
- Servicio de mesa de apoyo
- Plegado de servilletas
- Promoción de especiales
- Manejo de problemas
- Manejo de inquietudes
- Manejo de dinero

Además, aprenda técnicas avanzadas de servicio tales como flambeado o trinchado de carnes, pescados y frutas. También, un capítulo está exclusivamente dedicado a seguridad alimenticia y sanidad.

El Personal de Servicio

¿Cómo Contratar un Buen Personal de Servicio?

La clave para contratar empleados buenos y competentes es aislarse de los prejuicios personales de seleccionar un postulante entre varios solamente porque usted siente que el o ella tendrá una mejor chance de tener éxito en el trabajo. En lo que un empleado potencial está calificado y aquello que es capaz de hacer es a menudo bastante diferente de lo que el o ella harán en realidad. El propósito de esta sección es el de proveer al entrevistador de la información necesaria para determinar si el postulante tiene las cualidades necesarias.

¿Qué Hace a un Buen Servidor?

*L*os encargados del servicio son esencialmente herramientas internas de marketing. Ellos son el nexo entre sus clientes y las ventas, de esta manera usted quiere un servidor que sea exitoso entre los clientes con el marketing de su menú y establecimiento. Obviamente, el conocimiento y la experiencia hacen a una persona un buen servidor, pero ¿Qué características personales debería usted buscar en un individuo que le indiquen que brillará como servidor? Aquí hay algunas pautas:

Comunicador Efectivo

Una de las principales tareas de quien sirve es la de comunicarse con los clientes y con el resto de su personal. Los encargados del servicio deberían ser capaces de comunicarse con un amplio rango de posibilidades. Esta comunicación se extiende hasta las expresiones faciales y el lenguaje corporal. Si un servidor le está frunciendo el entrecejo a un cliente, el o ella está comunicando emociones negativas, mientras que una sonrisa natural implica una emoción de bienvenida.

Grado Elevado de Energía

Servir en un restaurante es un arduo trabajo que requiere muchas horas de caminata y largos períodos de pie. Los encargados del servicio necesitan ser capaces de mantener este nivel energético a lo largo de todo su turno laboral.

Flexibilidad

Los servidores deberían ser flexibles y capaces de lidiar con apuros repentinos e inesperados que requieran la extensión de su turno laboral. También necesitan ser flexibles y tolerantes en su trato con el público.

Habilidad para controlar el Stress

El mundo del restaurante es estresante, y quienes están a cargo del servicio deberán aprender a convivir con el estrés físico y mental a menudo. Este estrés puede tomar la forma de clientes fastidiosos, cocineros maleducados, otro empleado que no sea capaz de correrse de su paso o simplemente la atención del restaurante con su capacidad colmada.

Cortesía

Los servidores deben ser educados y corteses con sus gerentes, camaradas y clientes.

El trabajo de servir se refiere a eso justamente. Una persona que está trabajando en tal posición debe estar satisfecha de complacer a otras personas. Un servidor debe poder ser capaz de contener su ego no solo por el bien del cliente, ¡Sino también por la propina!

Empático

Los buenos prestadores de servicio pueden "leer" a un cliente rápidamente y ver si desean estar solos o si están interesados en charlar. Esta habilidad para sentir y reflejar el estado anímico de la otra persona ayuda a establecer el tono correcto para dirigirse a un cliente. Si un comensal solo está leyendo, quien sirve no debería quedarse parado merodeando, automáticamente asumiendo que la persona está sola. Si el cliente incita a la conversación, es correcto; de lo contrario, el o ella pueden estar sencillamente interesados en el libro que trajeron para leer en soledad.

Apariencia prolija

Los encargados del servicio necesitan estar limpios y prolijos. Su mesero indica a su cliente cuan limpio y organizado es su establecimiento. Si el mesero corre a servir la mesa con desesperación buscando una lapicera y usando un delantal sucio y una remera, el cliente va a sentir que esto refleja cuanto le importa a usted el resto de la operatoria del restaurante.

Lista de Trabajos

ntes de que usted esté en condiciones de enseñarle a alguien su trabajo, usted debe ser capaz de desmenuzar ese trabajo en pasos concretos. Una lista de tareas contiene todas las acciones que un empleado debe desempeñar dentro de una posición particular. Estas listas ayudan a los gerentes en la contratación, entrenamiento y evaluación de empleados.

Para desarrollar estas listas, usted debe agrupar las tareas en categorías amplias, tales como servicio al cliente, tareas de apertura, tareas de cocina, etc., y luego agrupar las tareas asociadas con el trabajo que recae bajo dichas categorías. Piense al elaborar estas listas acerca de cada pequeña cosa que considere esté asociada con una función de trabajo particular. Recuerde, para alguien que nunca realizó el trabajo anteriormente, ninguna tarea es demasiado pequeña como para ser pasada por alto. Podría usted considerar la ayuda de algún empleado o empleados para la confección de las listas.

Necesitará determinar que grado de detalle tendrán las listas. "Toma de órdenes" puede ser un término muy general para usar en su lista; usted necesitará descomponer esta tarea en una serie de etapas. Cuan detalladas son sus listas depende parcialmente de su establecimiento. Si posee un menú extremadamente variado, su lista de tareas para el cargo de cocinero puede ser muy detallada y extensa, por ejemplo.

También tenga en mente que estas listas no son estáticas. Las tareas cambian con el curso del tiempo—¡Asegúrese que su lista de tareas cambia también!
Para propósitos de entrenamiento usted puede hacer de estas listas listas de chequeo, colocando un espacio en blanco delante de cada tarea para así poder chequear cuando un empleado alcance el dominio de esa tarea en particular. Estas tareas deberían listarse lo

más específicamente posible para evitar confusiones acerca de las tareas reales que usted pretende que realicen sus empleados.

A continuación se expone una lista de chequeo para encargados de servicio y bus.

Lista de Tareas de Mesero/a

Nombre: _____

Se reporta a: _____

Fecha de Contratación: _____

El empleado debe ser capaz de:
(Cuando el empleado alcance el dominio de cada tarea, por favor coloque una marca al lado de la tarea enunciada.)

General
- ❑ Hospitalario con los clientes
- ❑ Apariencia prolija
- ❑ Puntualidad y registros de presentismo
- ❑ Fue entrenado en los procedimientos correctos y sigue utilizándolos
- ❑ Forma correcta y responsable de servir alcohol
- ❑ Procedimientos y leyes de propinas
- ❑ Higiene personal
- ❑ Manejo seguro de alimentos
- ❑ Maniobra de Heimlich
- ❑ Procedimientos para un lugar de trabajo seguro
- ❑ Políticas de la compañía que incluyen horarios, pagos, descansos y acoso sexual

Servicio
- ❑ La secuencia de servicio
- ❑ Saludo a los clientes
- ❑ Toma de órdenes de entradas
- ❑ Servicio de órdenes

❏ Toma de órdenes de bebidas   ❏ Desmonte del servicio de mesa

❏ Servicio de bebidas   ❏ Sugerencia de postres

❏ Servicio de vinos   ❏ Servicio del postre

❏ Venta sugestiva   ❏ Presentación de la cuenta

❏ Toma de órdenes de aperitivos   ❏ Aceptación de pago

❏ Desmonte adecuado de la mesa cuando el servicio haya concluido

❏ Nuevo montaje de mesa

Tareas Paralelas

❏ Doblado de servilletas   ❏ Montaje de mesas previo al servicio

❏ Abastecimiento de estaciones   ❏ Preparación de té/café

❏ Rellenado de condimentos   ❏ Rellenado de salero y pimentero

❏ Rellenado de azucareras

❏ Otros_____

Tareas de cierre

❏ Limpieza de estaciones de apoyo

❏ Reabastecimiento de áreas de servicio

❏ Montaje de mesas para el próximo turno

❏ Limpieza de bandejas de servicio

❏ Manejo de la cuenta de los clientes

❏ Conocimiento del registro de caja computarizado

❏ Apertura de una cuenta

❏ Ingreso de ítems a una cuenta

❏ Procedimientos para anulación de cuentas

❏ Anulación de ítems de una cuenta

❏ Procedimientos adecuados para el pago de clientes

❏ Como operar con el posnet o procesador de tarjetas de crédito

❏ Devolución del cambio

❏ Reporte corriente al final del turno para cuentas abiertas de clientes

Conocimiento del menú

❏ Descripción (incluyendo el sabor) de todos los ítems del menú

❏ Descripción de vinos y su combinación con entradas

❏ Conocimiento de las técnicas de preparación

❑ Alergias potenciales a determinadas comidas y propuestas y alternativas livianas

Lista de Tareas del Bus

Nombre: _____

Reporta a: _____

Fecha de contratación: _____

El empleado debe ser capaz de:

(Cuando el empleado alcance el dominio de cada tarea, por favor coloque una marca al lado de la tarea enunciada.)

General

❑ Hospitalario con los clientes

❑ Apariencia prolija

❑ Puntualidad y registros de presentismo

❑ Fue entrenado en los procedimientos correctos y sigue utilizándolos

❑ Políticas de la compañía que incluyen horarios, pagos, descansos y acoso sexual

❑ Higiene personal

❑ Manejo seguro de alimentos

❑ Maniobra de Heimlich

❑ Procedimientos para un lugar de trabajo seguro

Tareas de Inicio

❑ Montar las mesas antes del servicio

❑ Lustrado de platería

❑ Preparación de jarras de agua con sus respectivos vasos

❑ Preparación de cestos de pan

❑ Limpieza de bandejas

❑ Chequeo de limpieza de sanitarios

Tareas de servicio

❑ Retira los platos de la mesa de una manera tranquila y eficiente

❑ Monta la mesa correctamente

- ❏ Vacía la bandeja del salón y la cocina
- ❏ Prepara y se encarga del café/té
- ❏ Ubica a los clientes en sus asientos
- ❏ Sabe como utilizar la máquina lavavajillas
- ❏ Sabe como guardar los platos y los objetos de cocina limpios
- ❏ Lleva los platos al lavavajillas
- ❏ Conoce la manera exacta de apilar y transportar los platos sucios de las mesas
- ❏ Quita y apila los platos del lavavajillas de la manera apropiada

Tareas de cierre

- ❏ Limpieza trasera de la cocina
- ❏ Limpieza de sartenes y carritos
- ❏ Montaje de mesas
- ❏ Barrido

Provisión de un Servicio Excepcional

Un servicio excepcional no sucede por accidente. Hay muchas cosas que tanto quienes sirven como usted pueden hacer para brindar a sus clientes un servicio de excepción. Considere las siguientes oportunidades:

Sonría

Esta es una de las cosas más simples e importantes que quienes sirven (y gerencian) pueden hacer. La sonrisa siembra el tono y bien predispone a cualquiera; acerca el mesero al cliente. Si el personal no sonríe y está de mal humor, los clientes pueden no regresar a su establecimiento.

Los meseros se quedan con los clientes

En muchos restaurantes hoy, los gerentes hacen uso de múltiples empleados para servir una sola mesa. Si bien esto redunda en una entrega rápida, también puede confundir al cliente. De a quienes sirven la oportunidad de conectarse con el cliente; permítales ser el único nexo entre el restaurante y el cliente. Por supuesto, esto no significa que nadie pueda ayudar al mesero o mesera en caso de que este/a se encuentre atrás.

Mantenga una base de datos

Lleve un registro de los gustos, cumpleaños, aniversarios, etc; de sus clientes regulares. Nada hace a un cliente sentir más especial que el hecho que su cumpleaños sea recordado—¡Sin siquiera mencionarlo! Utilice su sistema informático para desarrollar una base de datos o simplemente lleve un libro de registros. Muchos restaurantes cuentan con sistemas de puntos de venta (point-of-sale - POS) que capturan información tal como cumpleaños, aniversarios, etc. Si usted no tiene tal sistema, cree uno propio. Usted puede capturar la información a través de encuestas a los clientes. Facilite esta información al anfitrión o anfitriones. Incluya los nombres de las personas y que les gustaría tomar en particular. Además, informe a los meseros acerca de ocasiones especiales venideras.

Libro de visitas

Asegúrese que sus clientes completen el libro de visitas; usted necesita una lista de correos para enviar material promocional. Trate también de recavar fechas de cumpleaños y aniversarios para su base de datos.

Reconocimiento

El reconocimiento es muy importante, pero este no necesariamente necesita ser elaborado. Puede ser tan simple como dirigirse al cliente por su nombre.

Escuche cuidadosamente para información de los clientes.

Mejor es sobre-comunicar que dejar caer la bola. Los meseros pueden querer repetir nuevamente la información a los clientes, especialmente si se trata de una orden detallada. Esto permitirá saber al cliente si el mesero tomó nota correctamente. Si su restaurante no utiliza órdenes escritas al tomar la órden del cliente en la mesa, este sistema puede resultar importante para seguridad del cliente.

Haga contacto visual

Casi una cuestión cultural, los americanos tienden a confiar en la gente que mira a los ojos. Mire directamente al cliente a quien se dirige. Otorgue a sus clientes una atención no dividida y déjeles saber que usted está escuchando. No fije su vista en la mesa, el piso o las obras de arte de las paredes. Despeje su mente, sonría y ponga atención. Asegúrese que está en la mesa cuando habla. No hable a sus invitados como si estuviera en el aire; esto hace a las personas sentirse poco importantes, y a nadie le gusta esa sensación.

Utilice un expedidor

Un expedidor es quien mantiene el ritmo en la cocina. Esta persona sigue la pista en la preparación de la comida que sale de la cocina y se asegura que los meseros sepan donde están sus platos y qué saldrá al salón de inmediato. Esta persona puede resultar clave para asegurar un servicio satisfactorio y a tiempo. Usted no necesariamente necesita contratar a alguien para ocupar esta posición. Por ahí un veterano quiere hacer ese trabajo, permítale ocupar esta posición de manera rotativa.

Cree códigos de abreviaturas

Todos los restaurantes utilizan abreviaturas para tomar órdenes y comunicar información. Esto resulta mucho más fácil que escribir todo. Asegúrese que sus meseros estén familiarizados con los códigos apropiados; ¡Sería desastroso si ellos comenzaran a inventar los suyos propios!

Las reglas del camino

Establezca en su establecimiento rutas de tránsito. Asegúrese que los pasillos no se obstruyan. Por ejemplo, si dos meseros se aproximan a una misma mesa, el primero debería ir del lado más lejano a la mesa. Siempre permita que el cliente vaya en primer lugar, luego un mesero con comida y finalmente el bus.

Reglas de recuperación

Los accidentes son propensos a ocurrir; lo importante es saber manejarlos. En primer lugar, ofrezca una rápida, honesta y sincera disculpa. Luego, siga pasos para la resolución del problema. Digamos que uno de sus meseros derrama salsa de tomate sobre una prenda blanca de un cliente del almuerzo. El mesero debe de inmediato ayudar al cliente a limpiarse, luego el mesero o un gerente se debería ofrecer a pagar por la limpieza en seco. Sugiera al cliente enviar la cuenta asumiendo que usted se hará cargo. Si la comida de un cliente es confundida o preparada incorrectamente, inmediatamente presente la comida al cliente que tuvo que esperar. Para recobrar ayuda en estas situaciones, podría resultar una buena idea considerar tener una persona en posición flotante. Esta persona podría trabajar durante las horas de mayor movimiento y básicamente encargarse de la solución de estos conflictos producto de la capacidad colmada.

Encuesta de satisfacción al cliente

Algunas personas son tímidas para comunicarle que han tenido una mala experiencia en su restaurante. Usted puede de todas maneras obtener retroalimentación de parte de estos clientes más reticentes a través de encuestas de satisfacción de clientes.

Haga que quien sirve las ofrezca con la cuenta. Pueden incluir la dirección y el sellado para que el cliente simplemente la deposite en el buzón más tarde, o pueden completarlas y dejarlas sobre su mesa. Usted puede compartir esta retroalimentación con su personal más tarde, ya sea buena o mala. Utilice la retroalimentación negativa para mejorar su restaurante. Utilice la retroalimentación positiva para felicitar a los empleados por su buen desempeño.

Sea cortés

Parece de sentido común, pero es sorprendente como muchos

meseros no tratan a los clientes con cortesía común. Asegúrese que sus meseros digan "Gracias" y "De nada." Los términos "Señora" y "Señor" son a menudo también apropiados.

Tenga conocimientos

Uno de los mejores recursos que sus meseros poseen para acrecentar sus propinas es el conocimiento del menú. Ellos deberían ser capaces de decir a un cliente si la sopa del día tiene una base cremosa o si los camarones son saltados o a la parrilla. Utilice un lenguaje rico en adjetivos al describir los ítems del menú; usted quiere ofrecer al cliente una imagen mental para que se le haga "agua la boca". Por ejemplo, trate de decir, "Nuestro especial esta noche es costilla de cordero, con salsa de Merlot y romero servido con un budín saborizado con hongos silvestres y espárragos frescos rostizados." Los meseros también deberían estar bien informados acerca del establecimiento para así ser capaces de responder a preguntas tales como horario de operaciones, tarjetas de crédito aceptadas y tipos de servicio disponibles.

Detección rápida del cliente

Los clientes deben ser detectados dentro de los 60 segundos que tomaron asiento. No los deje esperando. La espera afectará negativamente sobre el ánimo de un cliente, y el ánimo de un cliente afectará con altas posibilidades la propina. Si un mesero está muy atareado, entrene a su anfitrión y buses para ayudar en esos casos. Incluso detenerse por un segundo y decir, "Ya estoy con usted," hará sentir cómodo al cliente ya que este sabrá que recibirá un pronto y buen servicio dentro de pocos minutos.

Up-Selling (Sobreventa)

El up-selling aumentará las propinas porque usted está aumentando el total de la venta, y la mayoría de la gente da propina basándose en un porcentaje del total. Los encargados del servicio deben sugerir aperitivos, postres y tragos premium. Sin embargo, no les permita pulsear con el cliente. Por ejemplo, si un cliente ordena un gin y una tónica, el mesero podría decir, "Prefiere Tanguary, Beefeaters o el gin de la casa?" Esta simple sugerencia puede influenciar a un cliente a ordenar un licor común en lugar de uno de alta calidad.

Resolución de problemas

Entrene a quienes sirven a resolver cualquier problema rápidamente. Usted también necesita entrenar al personal de cocina acerca de que los problemas necesitan ser resueltos de inmediato. Si un cliente recibe la orden equivocada o si su comida no es preparada como fue indicado, dígale a sus meseros que pidan disculpas y se ofrezcan a solucionar el problema. El mesero también necesita notificar a la cocina que la comida de reemplazo necesita ser preparada rápidamente. Si el mesero no está seguro de la manera de resolver un problema, usted o un gerente necesita estar disponible para aportar una solución. Es también un lindo gesto dar al cliente perjudicado una atención en la cuenta. Si alguien ordenó un bife a punto y fue servido jugoso, haga parte de la disculpa una ronda gratis de tragos o el postre.

Muestre gratitud

La gente tiene demasiadas cargas en su vida y usted tiene la oportunidad de "hacerles el día." Exprese gratitud en el tono de su voz cuando les agradece. Hacerlos sentir apreciados hará que lo recuerden—tanto al dar propinas como así también cuando piensen el próximo lugar donde comer.

Servicio—¡Qué no hacer!

Así como existe una lista de procedimientos probados y testeados que contribuyen a un servicio excepcional, existe además una lista de cosas que inevitablemente llevan a un servicio deficiente. Asegúrese que sus meseros nos se estén involucrando en ninguna de las siguientes prácticas.

Meseros torpes

Los meseros torpes no solo lucen mal, sino que también causan accidentes. Usted no puede inscribir a sus meseros en una escuela de encantos, pero si puede facilitarle ideas sobre como manejar bandejas y platos. Para evitar contratar a alguien que puede no tener la gracia requerida, haga a los postulantes demostrar sus habilidades de servicio durante la entrevista.

Apariencia desprolija

Asegúrese que la apariencia física de quienes sirven genere una buena impresión en sus clientes. Los uniformes deben estar prolijos. Todos los empleados deben estar bien vestidos y no deben oler mal.

Actitud

No deje que quienes están encargados del servicio se salgan con la suya ignorando a los clientes. Aunque algunos meseros cumplan con su trabajo adecuadamente, su actitud deja mucho que desear. Los meseros mal humorados que parecen estar en apuros o que no establecen contacto visual no hacen nada por satisfacer el apetito de sus clientes.

No sea entrometido

Los clientes quieren atención y servicio, no otra persona en la mesa. Entrene a su personal de meseros para que sea atento sin ser molesto o entrometido. Los meseros nunca deberían establecer relaciones demasiado personales con los clientes, ni comprometerse en conversaciones prolongadas.

Capítulo 2

Tipos de Servicio y Montaje de Mesas

Tipos de Restaurantes

Los restaurantes pueden ser divididos en tres tipos básicos:

Restaurantes de lujo

Estos restaurantes usualmente ofrecen porcelana fina y manteles de mesa en una atmósfera de lujo. Un anfitrión (o mâitre d) está a cargo de capitanes, meseros, buses y sommeliers (meseros del vino). El menú es generalmente extenso, así como también la carta de vinos. El ritmo de servicio en un establecimiento de este tipo es relajado con comidas que a menudo duran hasta tres horas.

Bistro/Trattoria

Este tipo cubre un rango de restaurantes de establecimientos de mantel blanco con una variedad que va de estilos de menú hasta artículos más simples. Tradicionalmente, los bistros y las trattorias eran operados de manera familiar, pero ahora el término generalmente se refiere a cualquier restaurante simple.

Familiar

Estos restaurantes incluyen el estilo familiar, de comidas rápidas y restaurantes temáticos. Estos restaurantes usualmente no tienen manteles o porcelana fina, la comida es bastante simple, y a menudo el personal tiene menos experiencia que en los tipos de restaurante arriba mencionados.

Posiciones y Tareas del Personal

Todos los restaurantes tienen las mismas posiciones básicas a vista del público, pero los establecimientos de mayor nivel tienen un personal más numeroso. En los tres de los principales tipos de restaurante hay probabilidades de encontrar un gerente general, gerentes de salón, anfitriones, meseros, barmans (si el restaurante sirve alcohol) y buses. En los establecimientos de lujo, sin embargo, usted puede también encontrar un mesero de vinos y un capitán. Las descripciones generales de las tareas de todas estas posiciones se listan aquí debajo:

Gerente general

El gerente general (GM) es el responsable de la operatoria en su totalidad. Esta persona es responsable de la gerencia absoluta del salón y los servicios de bar, incluyendo el gerenciamiento de las instalaciones y las relaciones públicas.

Gerente de salón

Esta persona está a cargo del servicio que se dispensa en el salón. Algunas de sus tareas incluyen la manutención de registros de costos operativos, la contratación y entrenamiento de los empleados que atienden al público, el trabajo con el personal de servicio para asegurar la calidad de la presentación de la comida y la bebida, también asegura el cumplimiento de los procedimientos adecuados para el manejo de alimentos, se ocupa del manejo de quejas, y ayuda a planificar los menúes.

Capitán

La persona en esta posición es a menudo responsable del servicio en una sección particular de mesas. El o ella pueden tomar órdenes y asistir a los meseros en esa sección. Debido a que es el capitán el responsable del servicio en esa sección, el o ella difícilmente abandona el piso.

Anfitrión

El anfitrión saluda y ubica a los clientes en sus asientos, toma las reservas telefónicas, y cuida el área del lobby central. (En restaurantes casuales, esta posición usualmente la toma el gerente general o capitán.) El anfitrión o anfitriona (en caso de ser mujer) también asignará las estaciones de servicio a quienes sirven y a los buses, además es encargado de informar al personal de servicio ante cambios en el menú o especiales diarios, provee menúes a los clientes, y ubica a los clientes en lugares especiales de acuerdo a la disponibilidad de mesas.

Mesero de vino o sommelier

Esta persona es responsable de la creación de la lista de vinos, del mantenimiento del inventario de vinos, de la recomendación de vinos a los clientes, y del servicio de vino embotellado.

Mesero principal

Esta persona también es conocida como maitre d'. El o ella gerencia el salón comedor de un restaurante para asegurar que los clientes vivan una experiencia agradable durante su estadía. Las tareas llevadas a cabo por el mesero principal incluyen hacer que los meseros y meseras anden a prisa y sean capaces de disipar las inquietudes de los clientes sobre los platos del día, asegurar que los platos lleguen prontamente, asegurar que el personal esté correctamente vestido, organizar el sistema de espera, y supervisar las tareas de limpieza y cierre del restaurante.

Encargados del servicio

Quien sirve es responsable de la coordinación de las estaciones de servicio y de la provisión de un servicio de calidad a los clientes. Sus tareas principales incluyen: saludar a los clientes y proveerles de la información contenida en el menú, incluyendo técnicas de preparación, especiales y sugerencias de vinos como acompañamientos de comidas específicas; comunicarse con personal de salón y de cocina; tomar las órdenes de comidas y bebidas utilizando los procedimientos apropiados; servir las comidas y bebidas de acuerdo a procedimientos standard; cerrar la cuenta y aceptar el pago; abastecer su estación; y llevar a cabo tareas paralelas asignadas.

Bus

El bus asiste a los meseros y ayuda a mantener la eficiencia del servicio y a asegurar la satisfacción del cliente con el mantenimiento de limpieza del área pública y de recepción. El o ella saluda a los clientes educadamente cuando están sentados; se comunica con el anfitrión o anfitriona y con el personal de servicio para mantener la eficiencia del servicio y asegura la satisfacción del cliente; mantiene la limpieza y sanidad de las áreas públicas incluyendo todas las mesas, sillas, pisos, ventanas, y sanitarios; retira los platos sucios y utensilios de las mesas entre platos; desmonta las mesas cuando los clientes se van; y puede asistir al personal de servicio para ofrecer a los clientes bebidas tales como té y café.

Capítulo 3

Recepción

Cada empleado en un restaurante es un anfitrión; y el cliente es
su invitado. Generalmente el anfitrión o anfitriona (en caso de ser
una mujer) saluda a los clientes cuando ingresan al salón y los guía
hacia las mesas. Sin embargo, cuando el anfitrión está ocupado o el
establecimiento no cuenta con uno, es la responsabilidad del mesero
saludar y ubicar a los clientes. Que un cliente reciba una impresión
favorable o desfavorable del restaurante depende en un alto grado
de la manera en que el servicio es llevado a cabo.

La función primaria del anfitrión o anfitriona, como su nombre
lo indica, es la de dispensar hospitalidad. La anfitriona representa
a la gerencia cuando el o ella recibe a los clientes. Al actuar en

representación de la gerencia

Del negocio, el o ella debe saludar a los clientes con gracia y tratar de hacerlos sentir que son huéspedes bienvenidos.

Sobre el anfitrión o anfitriona yace la responsabilidad de brindar a los clientes la impresión, al entrar al restaurante, de que ellos pueden esperar un buen servicio. El anfitrión o anfitriona y el mesero comparten la responsabilidad de satisfacer al cliente con la atención que otorgan en conjunto. Una recepción amena, un servicio cuidado a lo largo de la comida y un trato cortes al dejar el establecimiento impresionará a los clientes por la excelencia del servicio y los hará sentir que su importancia es apreciada. Es este sentimiento de apreciación el hito que convierte a un cliente ocasional en un cliente regular del restaurante.

El anfitrión o anfitriona mantiene relaciones laborales con todas las personas relacionadas con las ventas y el servicio del restaurante—el gerente, el mesero y los clientes. El o ella, entonces, necesita estar dotado de personalidad, habilidad y entrenamiento para cubrir satisfactoriamente la posición nexo que desempeña. El anfitrión o anfitriona debe interpretar las políticas de gerenciamiento y standards a los clientes, y hacer convergentes los deseos tanto de la gerencia como de los clientes al personal de ventas. La habilidad con la cual el anfitrión se conduzca en esta posición pivote determinará consistentemente la eficiencia del servicio del restaurante y la satisfacción de sus clientes.

Tareas del Anfitrión/Anfitriona del Restaurante

La anfitriona del restaurante debe llevar a cabo varias tareas vinculadas a las relaciones con el cliente, los meseros y la gerencia del restaurante. Con la ejecución de estas tareas, ella juega un rol importante haciendo que se obtenga un servicio con celeridad y cuidado que colmará las expectativas de los clientes.

El anfitrión o anfitriona representa a la gerencia para el cliente; en el o ella confluyen los deseos de la gerencia, de los clientes, del personal de ventas y de la fuerza de trabajo de la cocina; y el o ella reporta a la gerencia los comentarios, las sugerencias y las quejas tanto de clientes como de empleados. El buen juicio y tacto por parte del anfitrión o anfitriona en el manejo de estas relaciones, es sin duda esencial.

El anfitrión o anfitriona del restaurante necesita un conocimiento previo de los procedimientos correctos en el servicio de comidas y un conocimiento de psicología laboral para poder realizar su trabajo eficientemente. El o ella además debería estar familiarizado con las políticas y regulaciones del negocio. Hasta que el anfitrión o anfitriona no tenga pleno dominio de esta información, el o ella no resultarán plenamente efectivos ni para la supervisión del servicio, ni para el trato con los clientes, como así tampoco para asistir a la gerencia en la ejecución de políticas vinculadas al negocio.

En el trabajo cotidiano del anfitrión o anfitriona, el o ella debe familiarizarse con las regulaciones concernientes a la ubicación de los clientes en los asientos, el servicio, el llenado de órdenes en la cocina y en la parte de servicio. Además, hay una serie de asuntos generales sobre los cuales el o ella debería estar informado.

Política Referida a la Ubicación

- ¿Se le permite al cliente designar que el o ella será servido por un mesero en particular?

- ¿Aprueba la política del restaurante sentar a dos extraños en una misma mesa?

- ¿Durante que horas se realizan las reservas? ¿Por qué período de tiempo se deben mantener las mesas?

Política referida al servicio

- ¿Cuál es el método prescripto para el montaje de una mesa?

- ¿Qué método específico se utiliza para:
  ¿Comidas Table d'hôtel?
  ¿Ordenes a la carte?
  ¿Fiestas especiales?

- ¿Cuál es la divisón de trabajo entre el mesero y el bus? ¿Qué tareas se espera desarrolle cada uno de manera independiente? ¿Qué tareas se desarrollan de forma conjunta?

- ¿Se ofrecen cantidades extras de pan caliente? ¿Se permite ofrecer una segunda taza de café sin cargo extra?

- ¿Cuándo y bajo qué condiciones pueden hacerse sustituciones en un menú? ¿Hay algún cargo extra cuando un cliente pide una sustitución?

Política referida al llenado de órdenes en la cocina

- ¿Qué comidas sirve cada estación de cocina?

- ¿Cuál es la mejor rutina para que utilice un mesero al llenar una órden?

- ¿A quién de cada estación debe dar la órden el mesero?

- ¿Dónde hay guardadas cantidades extras de platos, cristalería, platería y manteles?

- ¿Dónde se pueden encontrar cantidades adicionales de manteca, crema, hielo, galletitas y condimentos?

- ¿Se le pide a los meseros que emplaten sus propias órdenes de postres y helados?

- ¿Se espera que los meseros hagan té, café y llenen las órdenes para otras bebidas? ¿Exactamente que directivas deben seguirse?

- ¿Se publican en una pizarra en la cocina las faltantes y sustituciones? ¿Deberían las cartas del menú cambiarse de acuerdo a ese tema?

Política referida al servicio de grandes fiestas

- ¿Qué ambientes especiales y salones pueden ser reservados?

- ¿Cuál es el máximo número de personas que pueden acomodarse? ¿Cuál es el número mínimo de personas para que un salón pueda ser reservado?

- ¿Hay algún límite de tolerancia sobre la cantidad de invitados garantizados? ¿Cuáles son las regulaciones específicas con respecto a este tema?

- ¿A qué horas se provee el servicio de fiestas? ¿Hasta qué hora puede permanecer un grupo?

- ¿Cuál es el precio mínimo por el que un grupo especial puede ser servido? ¿Cuál es el precio habitual?

- ¿Qué provisiones se tienen para flores y decoración?

- ¿Hay un escenario portátil disponible para la mesa de quien habla y para los animadores?

- ¿Hay conexiones eléctricas, alargues y pantallas disponibles para utilizar el proyector o equipo de video?

- ¿Cuál es la política respecto de las atenciones especiales o gratuities?

- ¿Hay una cuadrilla especial para servicio de fiestas? ¿Cómo se aseguran los miembros de esas cuadrillas?

Política general

- ¿Se le permite a los clientes usar los teléfonos del salón o la oficina?

- ¿Se pueden llevar los clientes el menú como souvenir sin cargo?

- ¿Se ordenan tartas, tortas y dulces? ¿Y otras comidas?

- ¿Se empacan almuerzos por pedido?

- ¿Se envían comidas en bandeja?

El servicio en su restaurante puede salvar o destruir su operación. Numerosas encuestas de la industria muestran que el personal de servicio es a menudo el factor decisivo para volver a un restaurante o marcharse a su competencia. Ofrecer una comida grandiosa no es suficiente para ser competitivo. Depende de usted, el gerente, entrenar, motivar y supervisar al personal para asegurar su éxito y hacer que los clientes vuelvan y le hablen al mundo acerca de su establecimiento.

El anfitrión o anfitriona es el primer miembro del personal del restaurante a quien los clientes encuentran al ingresar al salón. Por esta razón, el anfitrión o anfitriona debe dar una buena primera impresión tanto en apariencia como en actitud. Otros requerimientos para el anfitrión o anfitriona potencial son que el o ella conserve una buena postura, que esté bien vestida y que presente una apariencia prolija y atractiva.

El anfitrión o anfitriona debe utilizar un buen Inglés y hablar con un tono de voz modulado. El o ella debe ser capaz de ganarse el respeto tanto de los clientes como de los meseros. El anfitrión o anfitriona debe estar interesado en el negocio y debe ser leal a la gerencia. Esta combinación de características es encontrada mayoritariamente en personas con una buena educación y no en aquellas que hayan tenido desventajas sociales y educacionales, esto explica el motivo por el cual los restaurantes usualmente buscan un buen pasado educativo en aquellos que van a cubrir la posición de anfitrión/anfitriona.

Una expresión agradable y una sonrisa amigable son parámetros de evaluación para el anfitrión o anfitriona potencial como así también lo son la templanza, confianza en sí mismo y la dignidad de comportamiento. Por su apariencia, tolerancia y conducta, el anfitrión o anfitriona debe ser capaz de ganar el aprecio tanto de clientes como de meseros.

El anfitrión o anfitriona representa a la gerencia en las mentes de la mayoría de los clientes, y el o ella es además el maestro y líder de los empleados que están bajo su supervisión. El o ella debe, entonces, ser honesto, sincero, leal e incondicional. La conducta del anfitrión o anfitriona, tanto dentro como fuera del restaurante, debe ser respetable y suscitar comentarios favorables tanto de si mismo como del establecimiento que lo emplea.

Hay algunas reglas que deben gobernar las relaciones laborales del anfitrión o anfitriona:

En su relación con la gerencia del restaurante, el anfitrión o anfitriona debería mostrar que el o ella es:

- Leal al negocio y a sus políticas.

- Capaz de seguir regulaciones y cumplimentar directivas.

- Voluntarioso para asumir responsabilidades.

- Tiene iniciativa en el descubrimiento y planeamiento de nuevos y mejores métodos para realizar el trabajo.

- Es capaz de aceptar las críticas y sacar ganancia de ellas.

En su relación con los clientes, el anfitrión o anfitriona debe:

- Ser amable y mostrar voluntad de servicio.

- Ser cortes y tener tacto para prevenir malos entendidos.

- Ser imparcial al prestar servicios y así evitar ser tildada de tener favoritismo por parte de los clientes.

- Intentar realizar los ajustes razonables a las quejas de los clientes.

- Ser cauteloso para mantener standards elevados en el servicio de alimentos.

En su contacto con sus compañeros, el anfitrión o anfitriona debe:

- Ser amistoso pero evitando la sobre-familiarización.

- Mostrar sincero interés en el trabajo del restaurante y cooperar con sus compañeros para brindar a los clientes un buen servicio.

- Ser imparcial y justo al trabajar con asociados.

- Ser templado y sereno, aún bajo circunstancias desafiantes.

- Dirigir al personal y manejar las dificultades por las que este transite con coraje y firmeza.

- Asumir la actitud del maestro que hace una crítica constructiva, evitando el exceso de correcciones innecesarias, y felicitando los méritos.

- Asumir la actitud del ejecutivo que respeta el valor del individuo y que cree que "guiar" es mejor que "manejar."

Inspección del Salón Comedor

El anfitrión es el responsable de la apariencia, limpieza y orden del salón durante los períodos de servicio. Antes de que el servicio de comidas comience, el anfitrión debe asegurarse que:

1. El salón comedor principal, las salas privadas, reservados y mostradores deben estar limpios y en orden. Cualquier desorden debe ser reportado a la autoridad correspondiente y debe remediarse antes que comience el período de servicio.

2. Las cortinas y cortinas venecianas deben ser ajustadas para brindar una luz apropiada.

3. La temperatura y ventilación del salón deben ser ajustadas según las circunstancias.

4. Las mesas deben estar bien arregladas y estar completamente equipadas.

5. Los puestos de servicio y mesas de trabajo deben estar debidamente arreglados y tener los elementos adicionales

necesarios.

6. Las cartas con el menú sean suficientes, y que estén correctamente distribuidas.

7. Haya órdenes para la toma de pedidos al igual que lapiceras disponibles.

8. Las mesas que hayas sido reservadas tengan el cartel que diga "Reservada".

9. Las mesas que hayan sido preparadas para ocasiones especiales cuenten con flores, velas y otros elementos decorativos.

10. Las flores se vean frescas y atractivas. Las plantas deberían chequearse para un mejor cuidado. Estas deben ser podadas y regadas.

11. Haya un correcto abastecimiento de manteles, individuales, blondas, servilletas y toallas de servicio.

12. Hayan efectuado las reparaciones a los muebles y que se hayan reparado los elementos dañados.

Provisión de un Servicio Excelente

Algunas de las maneras por las cuales el anfitrión puede asegurarse un buen servicio incluyen:

*   Ver que las órdenes sean tomadas tan pronto como los clientes estén listos para darlas. Si el mesero está inevitablemente atareado, tomar la órden o indicarle a otro mesero que lo haga.

- Observar el servicio en varias mesas para evitar demoras innecesarias entre platos.

- Notificar al mesero que los clientes están listos para el servicio cuando el o ella se encuentre ocupado en otro lado.

- Mantener a los clientes provistos de agua, manteca, pan, café caliente y ceniceros limpios cuando lo necesiten, notificando para la provisión al mesero o al bus.

- Proveer el servicio para los niños lo más pronto posible. Servir agua natural para los jóvenes clientes y abastecerlos con menúes especiales y platos para niños ofrecidos por el restaurante.

- Hacer venir al mesero para tomar la órden cuando el cliente requiera comida adicional o servicio extra.

- Aprobar órdenes especiales para comidas que no están en el menú regular y pedir sustituciones en el menú.

- Presentar el menú de postres a los clientes que hayan finalizado el plato principal y estén esperando ser atendidos.

- Conservar los menúes recolectándolos de las mesas y mesas auxiliares durante el período de comidas.

- Ser cortés y amable con los clientes pero sin comprometerse en conversaciones prolongadas que parezcan favorables a algunos clientes en particular o que desvíen la atención del servicio a otros clientes.

- Si el tiempo lo permite, ayude a los clientes que se retiran con sus pertenencias y salúdelos con un "adiós." Exprese el deseo que el servicio haya sido satisfactorio y que regresen pronto.

- Desmontar las mesas cuando los clientes las dejan y volver a montarlas.

- Chequear el abastecimiento y la mantelería al final del período de comida para determinar la cantidad de antemano. Chequear que se les dispense un cuidado correcto y que sean guardados de igual manera.

Supervisión del Servicio

*L*a función primaria del anfitrión o anfitriona del servicio de comidas es la de brindar hospitalidad en representación de la gerencia. Al recibir a los clientes, el anfitrión debe saludarlos con gracia y tratar de hacerlos sentir que son bienvenidos y que se les brindará un buen servicio. Una recepción amena, un servicio cuidado a lo largo de la comida y un trato cortes al dejar el establecimiento impresionará a los clientes por la excelencia del servicio y los hará sentir que su importancia es apreciada. Es este sentimiento de apreciación el hito que convierte a un cliente ocasional en un cliente regular del restaurante.

El servicio de comidas es una de las formas de hospitalidad más viejas de la humanidad y es asociada en la mente de uno con cortesía, alegría y predisposición. El anfitrión debería notar que la buena predisposición hacia el establecimiento es creada con un servicio cortés e interesado y que puede ser perdida gracias a un servicio desintresado.

El anfitrión o anfitriona mantiene ralaciones laborales con todas las personas relacionadas con las ventas y el servicio del restaurante—el gerente, el mesero y los clientes. El anfitrión o anfitriona debe interpretar las políticas de gerenciamiento y standards a los clientes, y hacer convergentes los deseos tanto de la gerencia como de los clientes al personal de ventas. La habilidad con la cual el anfitrión se conduzca en esta posición pivote determinará consistentemente la eficiencia del servicio del restaurante y la satisfacción de sus clientes.

La Naturaleza del Trabajo del Anfitrión

El anfitrión en el servicio de la comida representa a la gerencia ante los clientes; el combina los deseos tanto de la gerencia como de los clientes así como también los del personal de ventas y los del personal de cocina; el reporta a la gerencia sobre recomendaciones, sugerencias y quejas tanto de clientes como de empleados. El buen juicio y el tacto de su parte son esenciales. Cuando el restaurante es grande y hay varios salones, se necesitará más de un anfitrión para recibir a los clientes y supervisar el servicio. Debido a esta necesidad, para la operatoria de grandes establecimientos, el anfitrión usualmente cuenta con la ayuda de asistentes, capitanes o meseros a cargo quienes se responsabilizan por la supervisión de un sector del salón o por la ejecución de tareas específicas que involucran el servicio al cliente.

Debe entenderse que "las tareas del anfitrión" expuestas en esta unidad incluyen todas las tareas que pueden ser ejecutadas tanto por el anfitrión como por cualquiera de sus asistentes.

Tareas Administrativas

Algunas tareas administrativas son usualmente asignadas al anfitrión. La cantidad de las tareas de las que se encarga dependen de la organización del restaurante, de la cantidad de supervisores y del número de empleados de oficina. Entre las tareas administrativas, el anfitrión puede:

- Comparar los menúes impresos con el menú de la cocina para detectar omisiones, inexactitudes a correcciones. Cambiar los menúes de acuerdo a la necesidad.

- Efectuar las requisiciones de elementos tales como fósforos, blondas de papel, blondas de papel para platos metálicos, velas, nueces y condimentos.

- Anotar las reservas de mesas y eventos; incluyendo las especificaciones necesarias en un formulario de reservas.

- Anotar cada día el horario de servicio de los empleados, en el caso que no se utilice un reloj para fichaje de empleados.

- Completar el reporte de mantelería.

- Completar o asistir con la confección del análisis de ventas de la comida.

- Reportar al gerente, por escrito, cualquier sugerencia importante, quejas serias o felicitaciones de los clientes.

Arreglos para Fiestas Especiales

A menos que se cuente con un supervisor a cargo del catering, el anfitrión es quien generalmente toma las reservas para fiestas especiales. El puede mejorar su habilidad para manejar este negocio siguiendo las reglas de gerenciamiento con respecto a la cantidad máxima y mínima para grupos especiales, cargos mínimos, número de platos, elección de comidas permitidas a un precio estipulado, tiempo y garantía del número, y obteniendo la información necesaria de la persona que realiza la reserva, incluyendo

- Nombre, dirección y teléfono de la persona que llama.

- El nombre de la organización, en caso de que haya alguna involucrada.

- Día, fecha y hora de la reserva.

- Motivo.

- Número probable de integrantes del grupo, y número de invitados garantizados.

- Preferencias en cuanto a la ubicación de la mesa y en el salón (principal o privado).

- Precio o rango de precio.

- Si deben enviarse muestras de los menúes.

- Si se requieren arreglos de flores y decoración especiales.

- Arreglos para el pago de la cuenta (¿la cuenta va a ser saldada de una sola vez o se va a cancelar individualmente?).

Cuando se hace una reserva de mesa, obtenga la siguiente información:

1. Nombre de la persona que efectúa la reserva.

2. Número de personas incluidas en la reserva.

3. Fecha y hora.

4. Preferencia sobre la ubicación de la mesa.

5. Arreglos florales.

6. Si se desea un menú especial o si los clientes harán su propia selección del menú regular.

Servicio de Fiestas Especiales

Las responsabilidades generales del anfitrión para un servicio especial de fiesta incluyen tareas como:

1. Asegurar y asignar personal de servicio extra y buses necesarios para brindar el servicio.

2. Arreglar el horario de servicio para permitir el uso de empleados regulares.

3. Completar las órdenes de mantelería y platos.

4. Dictar instrucciones para el montaje de las mesas.

5. Chequear que las mesas estén perfectamente montadas, arregladas y tengan una buena apariencia.

6. Chequear para asegurarse que se hayan tenido en cuenta la cantidad necesaria de lugares.

7. Dar las instrucciones necesarias a cada uno de los meseros.

8. Dar las instrucciones específicas a cada uno de los meseros.

9. Notificar al personal de cocina a que hora debe estar listo el servicio.

10. Notificar al personal de cocina cuando debe comenzar a servirse cada plato.

11. Señalar al capitán cuando deben comenzar a llevarse los platos a las mesas.

12. Señalar al capitán cuando es tiempo de comenzar a quitar los platos de las mesas.

13. Aprobar y brindar servicios especiales que puedan ser requeridos por los clientes, como ser té en lugar de café, pescado en lugar de carne, pan en vez de bizcochos, y comidas para personas que siguen dietas especiales.

14. Proveer adicionales que puedan llegar a ser requeridos, como puede ser una jarra de agua para quien habla, una bandeja de cambio para el que está a cargo de recoger el dinero en la mesa, cambio para la persona que está vendiendo entradas en la puerta, o un atril o pizarrón para el que habla. Esté al tanto de estos pedidos con antelación al servicio de comidas, tanto como le sea posible, así se podrá satisfacer dichos pedidos. Caso contrario, satisfaga los pedidos de la mejor manera posible cuando se lo soliciten.

Recepción de Clientes

El anfitrión o anfitriona debe recibir a los clientes de una manera amable y gratificante. El o ella debe procurar hacer sentir a los clientes bienvenidos a la vez de asegurarles que recibirán un servicio de su satisfacción. Con esto en mente, el o ella puede:

• Permanecer de pie cerca de la entrada al salón para saludar a los clientes cuando llegan y ubicarlos en las mesas.. Esta responsabilidad es a menudo asignada a un asistente del anfitrión en el caso en el que éste esté ocupándose de la supervisión o de las tareas vinculadas al servicio.

- Saludar a los clientes con una sonrisa agradable y asentir con la cabeza ese saludo, utilizando el saludo apropiado - "Buenos días", "Buenas tardes" o "Buenas noches", y saludar a los clientes por su nombre cuando le sea posible.

- Si hay un guardarropa cerca de la entrada, sugerir a los clientes dejar sus sombreros, tapados, paragüas y paquetes.

- Preguntar cuantas personas conforman un grupo y ubicarlos en una mesa apropiada. Evitar sentar en una mesa para cuatro a dos personas o a una, a menos que no haya mesas más pequeñas disponibles.

- Preguntar a los clientes sobre su preferencia en lo que se refiere a la ubicación de la mesa cuando el salón no esté muy lleno.

- Caminar unos pasos delante de los clientes al escoltarlos hacia una mesa.

- Sentar a las parejas en pequeñas mesas o en reservados. Ubicar a los discapacitados y personas mayores cerca de la entrada así no deben caminar demasiado para tomar asiento. Sentar a hombres y mujeres que vienen solos en pequeñas mesas, pero evite ubicarlos detrás de columnas, cerca de la puerta de entrada o en el camino directo a la puerta de la cocina

- Pedir permiso antes de sentar a extraños juntos, realice este procedimiento solamente cuando el salón esté excedido en su capacidad y resulte inevitable realizarlo. En primer lugar, explique el período estimativo de tiempo que el cliente tendrá que esperar por una mesa para él mismo, y luego pregúntele si le importaría compartir una mesa con otra persona. Evite sentar a un hombre con una mujer que esté comiendo sola, o llevar a una mujer a una mesa donde haya un hombre ya sentado a menos que se muestren familiarizados y voluntariosos de compartir la mesa.

- Al ubicar a los clientes en las mesas asegúrese de ocupar las estaciones de servicio para evitar que solo una estación esté completa.

- Cuando los clientes deben esperar por sus mesas, sentarlos en lugares disponibles o indicarles un lugar donde puedan permanecer de pie sin estorbar con el tráfico del salón.

- Despejar la mesa de platos sucios y móntela nuevamente antes de que un nuevo comensal se siente en ella.
- Correr la silla de las mujeres y ayudarlas con sus abrigos y paquetes.

- Indicar un perchero en donde un hombre pueda colgar su sombrero y sobretodo, en caso de que no haya un guardarropas.

- Proporcionar sillas para bebés y sillas altas para los niños. Ofrézcase a sentar al niño y a arreglar su servilleta si la madre lo desea.

- Coloque el menú abierto delante de cada invitado, por el lado izquierdo o indíquele al capitán o mesero que lo haga.

- Mantener llenos los vasos de agua o marcarle al bus o mesero que se ocupe de esa tarea.

Procedimientos de Reserva

En algún momento, cada empleado contestará el teléfono por lo cual todos necesitan conocer como realizar una reserva. Cualquier reserva de seis personas o más debería ser comentada al gerente para asegurarse que se cuente con los niveles correctos de personal y que la cocina esté al tanto que los clientes están llegando. Hay seis tips vitales de información necesaria para asegurarse de tomar con cuidado la reserva de nuestros clientes:

NOMBRE Y APELLIDO DEL CLIENTE

NÚMERO DE PERSONAS PARA LAS QUE SE HACE LA RESERVA

HORA DE LLEGADA

NÚMERO TELEFÓNICO (DEL HOGAR Y LABORAL DE SER POSIBLE).

PREFERENCIA FUMADORA ("S" PARA FUMADOR, "NS" PARA NO FUMADOR, O "I" PARA INDISTINTO).

GRUPOS DE DIEZ O MÁS: PREGUNTAR SI SE REQUERIRÁN DISTINTAS CUENTAS O SOLO UNA, Y SI AL CLIENTE LE AGRADARÍA INCLUÍR LA CORTESÍA.

Capítulo 4

Servicio de Mesa

El servicio de mesa adoptado por una unidad de servicio de comida se desarrolla en base a las condiciones particulares de cada establecimiento. Varios métodos de servicio de mesa son considerados aceptables y pueden ser perfectamente utilizados. Los gerentes de restaurante apuntan a brindar un servicio recomendable a sus clientes. Un buen servicio de comida se logra mediante la adopción de un método de servicio apropiado, entrenando la fuerza de ventas en este propósito, y requiriendo que cada miembro del personal de meseros siga el siguiente procedimiento específico. Esta política tendrá por resultado un estándar uniforme en el servicio.

Tipos de Servicio

Servicio Americano

El servicio de mesa americano es una "combinación", un compromiso entre dos o más formas tradicionales de servicio que se han originado en otros países. Si, por ejemplo, el plato de sopa se sirve en una sopera y luego en platos de sopa en la mesa en la modalidad del servicio "Inglés"; el plato principal se sirve en platos que vienen armados desde la cocina o desde el lugar donde se arman los platos a la manera "Rusa"; y la ensalada la sirve el mesero de un gran bowl al estilo "Francés", tres formas de servicio se combinan en una sola comida. Las formas utilizadas más tradicionales para el servicio de mesa se denominan según los países en los cuales se originaron los servicios: Francia, Rusia e Inglaterra. Ya que estos métodos se han adaptado al uso americano, es interesante hacer una reseña de cómo afectan al servicio de mesa en los Estados Unidos.

Servicio Francés

El estilo más elaborado de servicio de mesa es el "Francés" utilizado en algunos clubes exclusivos, hoteles y restaurantes. En el servicio Francés, el mesero usualmente sirve a los comensales desde un carrito o desde un gueridón. Platos de comida atractivos y decorados con exquisito buen gusto, son siempre presentados al comensal para que éste los vea antes de proceder a servirlos. El mesero luego sirve los platos individuales desde la fuente, bandeja o plato de presentación, según el caso.

Existe una variante del servicio Francés llamada "servicio al plato", donde la comida se dispone atractivamente en platos de servir y se ofrece al comensal para que éste pueda servirse. Tanto un plato como la comida completa pueden ser servidos de esta forma. En algunos restaurantes, platos de vegetales frescos cocidos de gran calidad se le ofrecen al comensal para que seleccione los de su agrado; otros en cambio sirven un surtido en bandejas compartimentadas. Bandejas con pequeños pasteles surtidos son algunas veces ofrecidas luego de que postres helados se hayan ordenado. La pastelería francesa es frecuentemente ofrecida a los clientes en una bandeja.

Otra variante del servicio Francés es el carrito de ensaladas, ahora popular en algunos restaurantes y casas de té. Las ensaladas se colocan en un carrito que recorre las mesas para permitir que los comensales elijan lo que desean. El mesero se encarga de servir a cada uno del carrito y le coloca su plato en la mesa. Otra variante del servicio Francés es la costumbre practicada en algunos restaurantes en la que el mesero se encarga de acercar al comensal bandejas surtidas con ensaladas individuales o postres surtidos para elegir.

Servicio Inglés

El estilo de servicio "Inglés" se llama comúnmente "servicio al huésped". Cuando se utiliza este servicio, las fuentes y los platos de servir se colocan delante del anfitrión, quien sirve en los platos individuales. El mesero se para a la derecha del comensal, recibe el plato servido de él y lo coloca ante cada comensal. Algunas veces se sirve primero a las comensales mujeres, y luego a los hombres; sin embargo, el procedimiento usual es servir a cada comensal en su turno correspondiente, comenzando por la persona sentada a la derecha de quien sirve. Las unidades comerciales de servicio de comidas no utilizan el servicio Inglés para el plato principal excepto bajo pedidos vinculados a fiestas privadas. Alguien puede solicitar este tipo de servicio en alguna ocasión especial, como sería el caso de una cena familiar o en Día de Acción de Gracias donde, por ejemplo, el anfitrión desea trozar el pavo en la mesa para luego servirlo en platos individuales. Ocasionalmente el estilo Inglés se utiliza para servir las bebidas, en el horario del té. Una bandeja conteniendo el te o café de sobremesa se coloca ante el anfitrión para que éste sirva a los comensales.

Los postres especiales y formas de helado se sirven algunas veces con presencia del anfitrión. En Navidad, un tradicional "Budín de ciruelas destellante" puede ser traído a la mesa para que los invitados tengan el placer de ver los destellos y de verlo servido.

Una torta de cumpleaños puede ser presentada ante su "Invitado de honor", que está expectante de "pedir un deseo y soplar las velitas" y cortar el primer trozo o servir a los invitados. En cada uno de los casos, un plato particularmente atractivo es servido en la mesa como una manifestación de hospitalidad por parte del anfitrión.

Variaciones del estilo Inglés se encuentran con frecuencia en operaciones no comerciales, como por ejemplo en cenas universitarias.

Servicio Ruso

Cuando se sigue la forma de servicio "Ruso", porciones individuales de comida se colocan en los platos en la cocina o donde estos sean armados, se les coloca la guarnición y los platos ya están listos para servir. El método ruso es utilizado en la mayoría de los restaurantes tanto para servir comida como para banquetes.

Servicio de buffet

Los buffets se utilizan en algunos establecimientos para las entradas y las ensaladas. Ocasionalmente una comida entera puede servirse del buffet. Para brindar el servicio de buffet, una mesa es atractivamente montada con una variedad de comidas; a cada comensal se le da un gran plato, algunas veces calentado o enfriado, y el comensal camina a lo largo de la mesa escogiendo la comida de su preferencia. Siguiendo el procedimiento habitual para el servicio de buffet de un restaurante, el mesero sirve el pan, las bebidas y los postres a cada mesa. Cuando se incluyen comidas calientes, un cocinero o ayudante corta los trozos de carne, y ayuda a servir los vegetales y otras comidas que se encuentren en recipientes.

Estilo familiar

El servicio de estilo familiar es una modificación del servicio americano. Para un servicio de estilo familiar, la preparación, incluyendo los cortes de comida y el feteado de carnes, es realizado en la cocina. La comida es servida en grandes recipientes o sobre grandes bandejas y pasada de mano en mano por los comensales. Este servicio es el que más se acerca a la manera en que comemos en nuestros propios hogares y el trabajo del mesero es mínimo en este tipo de servicio. Los meseros generalmente montan la mesa, llevan los tragos, alcanzan las bandejas, quitan los platos sucios y presentan la cuenta.

Izquierda o Derecha?

*U*na regla principal que los meseros deben seguir es que las mujeres son servidas generalmente antes que los hombres. Utilice las siguientes sugerencias de servicio como guía:

Aperitivos y ensaladas
Los aperitivos y las ensaladas deben ser servidas por la derecha con la mano derecha. Los cubiertos para los aperitivos y ensaladas ya están usualmente en la mesa.

Sopas
Si se sirve sopa, asegúrese que la sopera esté sobre un plato. Agregue un toque delicado colocando una blonda debajo de la sopera. Las cucharas de sopa deben ubicarse a la derecha de la sopera y la sopa debe ser servida por la derecha.

Entradas

Las entradas también se sirven por la derecha y se colocan de manera tal que el elemento principal del plato enfrente al comensal. Los cubiertos para la entrada deben colocarse sobre la mesa antes de la llegada de la entrada. Asegúrese que los meseros solo manipulen los cubiertos por el mango y los platos por el borde. Si platos auxiliares fueran servidos por separado, deberían servirse por la izquierda.

Postre

Al servir el postre, el mesero debe colocar los utensilios a la izquierda del comensal y servir el postre por la derecha.

Bebidas

Los tragos son servidos por la derecha y el café es servido por la derecha.

Levantar

En general, todos los platos deben quitarse por la derecha.

Señales de que el comensal ha terminado.

Estas señales incluyen la colocación de una servilleta sobre el plato, empujar el plato hacia un costado y colocar el tenedor hacia arriba cruzando el plato, o el cuchillo y el tenedor colocados juntos formando un ángulo sobre el plato. Sin embargo, aunque su mesero detecte estas señales en una mesa, el o ella debe preguntar a los clientes antes de levantar la mesa.

Recursos

Para mayor información sobre el servicio de etiqueta, visite la página de CuisineNet Digest en: www.cuisinenet.com/digest/custom/etiquette/serving.shtml. Para servicio de etiqueta en vinos, visite Tasting Wine en www.tasting-wine.com/html/etiquette.html. Usted podrá encontrar respuestas a preguntas de etiqueta y servicios en el sitio de the Online Manners Guy en www.terryneal.com/manners.htm.

Servicio de mesa auxiliar

El servicio de mesa auxiliar es mayoritariamente asociado con restaurantes elegantes, pero puede ser utilizado también en otra clase de establecimientos. Resulta una excelente técnica de ventas porque le permite a los clientes observar la preparación o disposición de varios ítems presentes en el menú. Para ofrecer un servicio de mesa auxiliar, usted necesita asegurarse que la comida sea fresca y luzca atractiva.

Los ítems además deberían ser de preparación rápida y fácil, y no deberían producir olores desagradables o humo en su preparación. Usted debe asegurarse también que todo se encuentre limpio y nunca debería tocar la comida con sus manos.
Algunos de los ítems que pueden ser dispuestos o preparados en la mesa auxiliar incluyen:

- Aperitivos
- Postres
- Carnes/Pescado
- Items horneados o Frutas

Al preparar carnes en la mesa auxiliar, asegúrese que toda la grasa y articulaciones hayan sido removidos del producto cárneo y corte las porciones de tamaño pequeño de modo que se cocine en un minuto.

Algunas de las técnicas de preparación que pueden ser utilizadas en la mesa auxiliar incluyen:

- Salteado
- Cocido
- Trinchado
- Flambeado
- Deshuesado

Salteado
Al saltear ensaladas en la mesa auxiliar, asegúrese que los vegetales estén limpios y escurridos antes de colocarlos en la mesa auxiliar. También asegúrese que todos los productos que utilizará hayan

estado refrigerados hasta el momento de su uso. El aderezo puede prepararse tanto en la mesa como en la cocina.

Flambeado

El trabajo de flambeado requiere del encendido de licor en una sartén. Esta técnica es utilixada para postres tales como Banana Foster y Crépes Suzette. Luego de encender la hornalla, vierta la cantidad necesaria de licor en una sartén; y encienda en llamas. Coloque la botella de licor lejos de las llamas y permita que se caliente la cantidad que hay en la sartén. Mueva la sartén del centro del quemador hacia usted y luego apártela hasta que el licor entre en contacto con las llamas y se prenda fuego. Tan pronto como el licor se prenda fuego, levante la sartén minuciosamente y lentamente gírela con movimientos circulares de manera que las llamas la rodeen en forma circular.

Se debe tener sumo cuidado al flambear o cocinar en las mesas auxiliares. Asegúrese de chequear los quemadores, hornallas y garrafas periódicamente para verificar su correcto funcionamiento.

Usted también debe procurar tener siempre un extinguidor a mano y mantener la mesa auxiliar (o gueridón) a una distancia considerada de la mesa.

Cocción

Al decidir que preparar en la mesa auxiliar, necesita tomar varias cosas en cuenta: el medio (manteca clarificada, aceite, vapor, etc.), el tiempo que demandará la comida en cocinarse y la habilidad para crear los sabores adecuados en un tiempo de cocción reducido (característico de las mesas auxiliares). A uno nunca se le ocurriría preparar un pollo rostizado o salteado en una mesa auxiliar, pero por ejemplo el salteado de vegetales sería una buena opción.

Remoción de espinas

Algunos establecimientos elegantes sirven el pescado con espinas para que estas sean quitadas en la mesa auxiliar enalteciendo el plato. Esta remoción de espinas requiere de algunas habilidades especiales, que seguramente usted querrá poner en práctica fuera de la vista de la audiencia.

Para sacar las espinas:

1. Quite la cabeza y cola.
2. Con un cuchillo de pescado, retire la piel cuidadosamente.
3. Retire los dos filetes superiores, comenzando por la cabeza y dejando que el cuchillo se deslice entre los huesos y la carne.
4. De vuelta el pescado y quite los otros dos filetes.
5. Coloque los filetes en un plato.

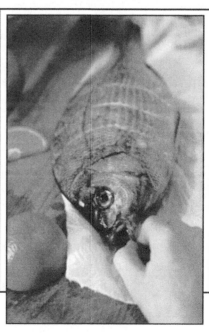

Trinchado

El trinchado también puede convertirse en una tarea a realizar en la mesa auxiliar cuando se necesite por ejemplo, servir un pollo entero. Nuevamente vale aclarar, que para realizar esta tarea se necesitan habilidades especiales, que seria bueno que usted desarrolle antes de realizar la tarea en público. Para trinchar en una mesa auxiliar, necesitará una tabla de cortar acanalada para la circulación de jugos, un rebanador (esta clase de cuchillo es ideal para cortar rodajas grandes de salmón por ejemplo), un cuchillo con punta con un borde recto (este cuchillo se utiliza para cortar aves de caza, piernas de cordero, chateaubriand, etc.), un tenedor para ayudar a transferir la carne al plato y una bandeja que mantenga la temperatura

Para trinchar un pollo entero:

1. Coloque el pollo de costado sobre la tabla.
2. Sostenga la antepierna del pollo con un tenedor. Utilizando un cuchillo corto y fuerte, atraviese la piel por debajo de la pierna y remueva la pierna con el tenedor.
3. Quite la otra pierna de la misma manera.
4. Quite también las alas de igual forma.
5. Coloque al pollo de espaldas y sosténgalo firmemente con el tenedor.
6. Con la punta del cuchillo, afloje del hueso la carne del pecho .
7. Sostenga la carcasa con el cuchillo y quite la carne del pecho con el tenedor.
8. Coloque sobre un plato las presas de pollo.

Para trinchar carne sin hueso (como el lomo):

1. Coloque la carne sobre la tabla.
2. Con la parte trasera del tenedor, ejerza presión suave sobre la carne para mantenerla en su lugar (no perfore la carne con el tenedor pues fluirán todos los jugos).
3. Corte la carne en rodajas.
4. Coloque las piezas sobre una bandeja.

Montaje de Mesas

Todos los empleados que realizan tareas en las áreas públicas deberían ser entrenados el montaje de mesas. Generalmente, a cada miembro del personal de meseros se le asigna un grupo de mesas. A esas mesas en distintas secciones se las conoce como "estaciones". Un mesero puede mantener un stock de platería, cristalería, porcelana y mantelería en una mesa auxiliar (o gueridón) y servir desde ahí. Adicionales como condimentos, hielo, agua y manteca son a menudo colocados en el gueridón, así como también los termos con café caliente. Hay espacio para la bandeja de servir ya sea en la mesa de servir o en un contenedor de bandejas.

El mesero debería procurar que las mesas estén correctamente montadas antes de brindar el servicio, con mantelería limpia, platería lustrada, cristalería brillante y porcelana libre de manchas. La mesas deben ser prolijamente desmontadas luego del servicio y vueltas a montar de acuerdo a la necesidad. Cuando se utiliza una mesa auxiliar, el mesero es responsable por el equipamiento extra y el stock de adicionales, acomodados de forma ordenada sobre una superficie limpia. El o ella debería ver que las mesas estén:

- Apropiadamente arregladas antes de ofrecer el servicio.

- Cuidadosamente montadas con manteles limpios, platería lustrada, cristalería radiante y porcelana libre de manchas.

- Sean urgentemente desmontadas luego de brindado el servicio.

- Sean montadas nuevamente según la necesidad lo demande

Poniendo la Mesa

El Cover

Este es un espacio—de 24 pulgadas por 15 pulgadas aproximadamente—dentro del cual un lugar es dejado para los platos, la platería, mantelería y cristalería. Una línea imaginaria puede ser dibujada definiendo este area para asistir al poner la mesa.

Mantelería

Un silence pad, si es usado, debe ser colocado en el mantel de manera que los bordes no cuelguen por debajo del mantel. La mantelería es puesta sobre el silence pad o del individual o directamente sobre la mesa y equidistante de los bordes de la mesa. Las cuatro esquinas deben caer a igual distancia del suelo. El mantel debería estar libre de arrugas, agujeros y manchas.

Cuando se utilizan blondas, estas deben ser puestas en el medio del cover, aproximadamente a una pulgada del borde de la mesa. La platería debe ser colocada sobre la blonda.

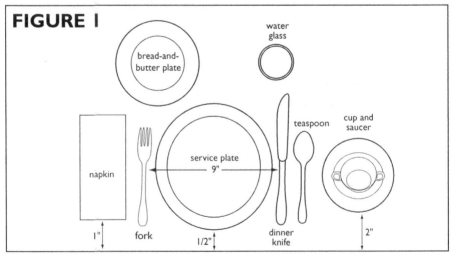

FIGURE I

"Table Cover Setup" using 16"x 12" doily and showing space allowance for a 24" cover arrangement.

La servilleta plegada es colocada, con las esquinas abiertas abajo a la derecha, a la izquierda del tenedor y a aproximadamente a una pulgada del borde frontal de la mesa. Para cenas formales, cuando se utilizan platos de servicio, la servilleta puede ser plegada y colocada sobre el plato de servicio.

Platería

Los cuchillos y tenedores deben ser colocados a una distancia aproximada de 9 pulgadas, de manera tal que un plato pueda ser fácilmente colocado entre ellos. El balance de la platería es entonces ubicado a la derecha del cuchillo y a la izquierda del tenedor en el orden en que serán usados (colocando lo que primero se utiliza en la parte externa y procediendo hacia el plato). Los mangos de los cubiertos deben ir perpendiculares al el borde la mesa y a aproximadamente una pulgada del borde de la misma. Los tenedores se colocan del lado izquierdo del cover, con los dientes hacia arriba. Los cuchillos se colocan al costado derecho del cover

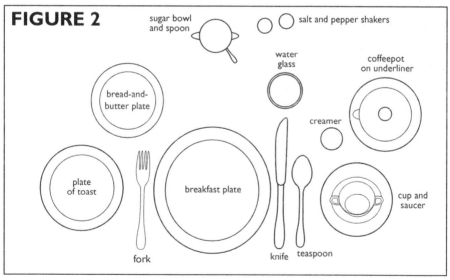

Cover arrangement for main breakfast course.

con el filo orientado hacia el plato.

Las cucharas se colocan, con la parte cóncava hacia arriba, a la derecha de los cuchillos. El cuchillo para untar manteca se coloca atravesado en el borde superior o del lado derecho del plato de pan y manteca, con el mango perpendicular o paralelo al borde de la mesa, el filo orientado hacia el plato de manteca. El cuchillo para untar manteca se utiliza solamente cuando se sirve la manteca y un plato para pan y manteca se coloca en la mesa. Algunas veces cuando se utiliza un cuchillo filoso con hoja de acero para el plato de carne, se coloca un pequeño cuchillo con el filo recto para manteca al lado del cuchillo para carne.

Los tenedores de ostras y cocktail se colocan en el extremo derecho del cover más lejanos que las cucharas de té o se atraviesan del lado derecho del plato de servicio por debajo del vaso de cocktail o de las ostras.

La platería para el servicio del postre—la cuchara de helado y de parfait, o cuchara de sundae—se coloca antes del respectivo plato del lado derecho del cover. El tenedor de postre se coloca del lado derecho del cover si se es que se ubica en la mesa justo antes de servir el postre.

Los tenedores de desayuno y almuerzo y los tenedores de ensalada y postre se colocan al lado del plato por orden de uso;

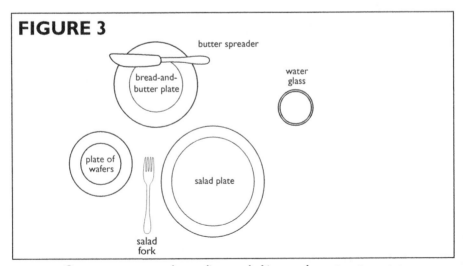

FIGURE 3

butter spreader

bread-and-butter plate

water glass

plate of wafers

salad plate

salad fork

Cover arrangement when a dinner salad is served as separate course.

las cucharas se colocan a la derecha de los tenedores, por orden de uso, comenzando en cada caso con el primer plato (por afuera) y dirigiéndose hacia el centro del cover. Cuando no se utilizan los cuchillos, tanto los tenedores como las cucharas se colocan a la derecha del cover.

Porcelana y Cristalería

El plato para el pan y la manteca se coloca a la izquierda del cover, directamente por encima de los dientes del tenedor para carne. El vaso de agua se coloca a la derecha del cover, inmediatamente por encima de la punta del cuchillo. Los vasos de vino, licor y cerveza, si correspondieran, se colocan a la derecha del vaso de agua. Cuando se utilizan mantequeras, se coloca a la izquierda en línea con el vaso de agua, en dirección al centro o costado izquierdo del cover.

Las azucareras, saleros y pimenteros son generalmente colocados en el centro de mesas pequeñas. Cuando se trata de una mesa para dos, la azucarera, salero y pimentero, se colocan usualmente del lado más cercano a la pared o en cualquier lugar de la mesa lo más alejado posible del centro de ésta. Cuando se utiliza una azucarera con tapa abierta, se coloca una cucharita para azúcar limpia a la derecha de la misma. Cuando se monta una mesa grande y se

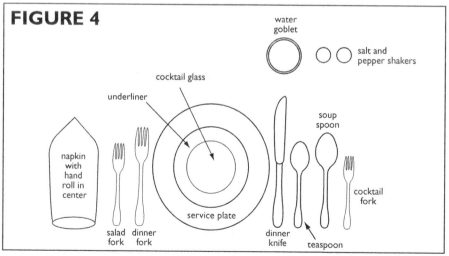

FIGURE 4

water goblet

salt and pepper shakers

cocktail glass

underliner

soup spoon

napkin with hand roll in center

cocktail fork

service plate

salad fork   dinner fork

dinner knife   teaspoon

Cover arrangement for appetizer course of a formal dinner.

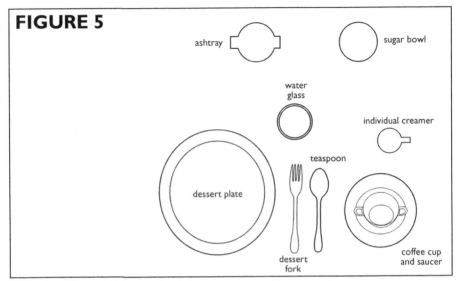

Cover arrangement for dessert course for luncheon or dinner.

requieren varias azucareras y cremeras, éstos pueden ser puestos a igual distancia del centro de la mesa. Los comensales podrán alcanzarlos con mayor facilidad si las manijas están posicionadas hacia el cover.

Cuando se utilizan varios saleros y pimenteros en una mesa grande, se los puede colocar entre los covers siguiendo una línea paralela con los vasos de agua.

- La servilletas deben doblarse siguiendo el estilo del restaurante, con los dobleces y los bordes rectos.

- Los menúes deben ser siempre repuestos por otros nuevos si se ajan o rompen.

- Las flores deben ser puestas en contenedores de un adecuado color, tamaño y forma.

- Las cremeras individuales deben ser lavadas y minuciosamente aireadas antes de ser rellenadas con crema. Un contenedor con un vertedor angosto puede usarse para rellenar si no hay cremeras disponibles. Se debe prestar especial atención a no rellenar las cremeras por demás.

• Los ceniceros deben recolectarse y limpiarse con frecuencia, especialmente en el momento del servicio; un nuevo cenicero debe ser provisto cada vez que arriba un nuevo cliente y se sienta a la mesa.

• Las bandejas para servir deberán mantenerse limpias y secas, tanto para mantener en condiciones el uniforme del mesero como así también a la superficie de la mesa. La parte superior de la bandeja debe ser limpiada antes de cargarse para evitar que la parte inferior de los platos se manche.

• Los cubitos o el hielo picado deben estar limpios y libres de materiales extraños; los cubitos deben ser manipulados con pinzas y el hielo picado con un cucharón especial o con una cuchara de servir. El hielo solo debe ser transportado en contenedores para ese propósito. El hielo debe considerarse una especie de comestible también.

• Las mantequeras necesitan ser enfriadas y el hielo listo antes de servirse.

• Las sillas deben sacudirse para quitar las migas cada vez que se retire un comensal. Los respaldos, asiento y patas de la silla deben ser sacudidos todos los días.

• La plata y el acero deben ser limpiados de acuerdo a instrucciones especiales del restaurante. Cuando se utiliza un limpiador cremoso, éste debe ser pasado con un paño suave o con un pequeño cepillo sobre la superficie con movimientos circulares. Luego la plata debe ser cuidadosamente lavada, enjuagada y lustrada con una tela seca para quitar por completo los vestigios del limpiador.

Reglas generales para el servicio de mesa

Debido a que existen varios tipos de servicio de mesa, cada unidad de servicio de comida debe seguir un método apropiado con sus condiciones particulares, y cada mesero debe aprender a seguir las instrucciones que indican como servir para asegurar un servicio parejo para toda la unidad. Las siguientes reglas son aprobadas por convención:

- Coloque y quite toda la comida por el lado izquierdo del comensal.

- Coloque y quiete todas las bebidas, incluyendo el agua, por el lado derecho del comensal.

- Utilice su mano izquierda para colocar y quitar los platos cuando trabaja del lado izquierdo del comensal, y la mano derecha cuando trabaja del lado derecho del comensal. Esto proporciona una acción libre de los brazos del que sirve y evita el peligro de chocarse contra el brazo del comensal.

- Coloque cada plato sobre la mesa, los cuatro dedos de su mano izquierda por debajo de la parte inferior del borde del plato y su pulgar en la parte superior del borde del plato.

- Nunca cruce su mano por adelante del comensal ni por adelante de una persona para servir a otra.

- Presente los platos, en una posición que permita a los comensales servirse ellos mismos. Coloque las bandejas de plata del lado derecho del plato, con las manijas orientadas hacia el comensal para que el pueda tomarlas con facilidad.

- No coloque delante del comensal cristalería o porcelana rajada, rota o craqueada ni platería desgastada u opaca.

- Tome a los artículos de platería por las manijas una vez que las coloca en su sitio. Asegúrese que la platería quede limpia y sin manchas.

- Manipule los vasos por su base y las copas por sus cuellos.

- No levante los vasos de agua de las mesas para llenarlos o rellenarlos; cuando no se puedan alcanzar convenientemente, colóquelos en una posición más conveniente.

- Coloque el jugo de frutas y los vasos de cocktail, los contenedores de cereal, los platos de sopa y los platos de postre sobre pequeños platitos antes de colocarlos en el centro del cover, entre el cuchillo y el tenedor.

- Cuando acompaña al plato principal, coloque el plato de ensalada a la izquierda de los tenedores, aproximadamente a dos pulgadas del borde de la mesa. Cuando la ensalada se sirve como un plato separado, colóquelo directamente enfrente del comensal.

- Coloque las bandejas individuales o los panes por encima y a la izquierda de los tenedores. Coloque una bandeja o cesta de pan para varios invitados en el centro de la mesa.

- Coloque la copa y la salsera a la derecha de las cucharas, aproximadamente a 2 pulgadas del borde de la mesa. Vire la manija de la taza hacia la derecha, o paralela al borde de la mesa o levemente inclinada en dirección al comensal.

- Coloque la tetera y la cafetera sobre pequeños platos

y colóquelas por encima y ligeramente a la derecha de la copa de bebida. Coloque los vasos de bebida helada sobre posavasos o pequeños platos para proteger la parte superior de la mesa y los manteles.

* Coloque cremeras individuales, jarras de jarabe y pequeños platos con limón por encima y a la derecha de la copa y la salsera.

* Coloque el vaso de leche a la derecha y por debajo del vaso de agua.

* Sirva la manteca, el queso y el limón cortado con un tenedor. Sirva las guarniciones, pickles y aceitunas con un tenedor o cuchara, no con los dedos.

* Las operaciones en el servicio de comida están utilizando más y más el sistema de reservados -o asientos tipo banquete. Es extremadamente difícil llevar a cabo un servicio de mesa apropiado en estas situaciones.

Las reglas generales para la atención en reservados son:

* Sirva todo con la mano más alejada del comensal; utilice su mano derecha para servir al comensal de su izquierda, y su mano izquierda para servir al comensal de su derecha.

* Quite los platos sucios con la mano más cercana al

comensal mientras que sustituye el próximo plato con la mano más alejada de su cliente.

Servicio de Desayuno

*U*n buen servicio de desayuno es importante porque muchos clientes están apurados, algunos tienen poco apetito, y otros están de mal humor hasta que no hayan tomado "su" café. Una actitud amigable por parte de los meseros y un servicio atento y eficiente, también pueden ayudar a los clientes a "empezar bien el día".

La comida servida en el desayuno es más gustosa cuando está recién preparada y es servida a la temperatura correcta. El mesero, entonces, debe servir el desayuno por partes a menos que el cliente pida especialmente que la orden se lleve en su totalidad y de una sola vez. Las comidas cocinadas y las bebidas calientes deben ser traídas al cliente directamente desde la estación de servicio y bajo ninguna circunstancia deben enfriarse esperando a ser llevadas al comensal hasta que éste haya terminado el plato anterior.

Orden de Servicio Para el Desayuno

1. Cuando se ordena fruta fresca o jugos de fruta, es recomendable servirlos primero; para luego quitar los platos sucios antes de colocar las tostadas y el café.

2. Cuando los clientes ordenan una combinación de frutas cocidas, tostadas y café, pueden querer que se les sirva todo de una sola vez. Coloque el plato de fruta, coloque el underliner en el centro del cover, el plato de tostadas a la izquierda de los tenedores y el café a la derecha de las cucharas de té.

3. Cuando la orden del desayuno incluye un cereal y un plato caliente, el procedimiento de servicios puede ser el siguiente:

    a. Coloque el plato de frutas el centro del cover.

    b. Quite el servicio de fruta.

    c. Coloque el bowl de cereal, coloque el underliner, en el centro del cover. Corte las cajas individuales de cereal por la parte superior para que resulten fáciles de abrir.

    d. Quite el servicio de cereal.

    e. Coloque le plato de desayuno de huevos, carne u otra comida caliente en el centro del cover. Coloque el plato de tostadas a la izquierda de los tenedores. Coloque el servicio de café a la derecha de las cucharas.

    f. Quite los platos de desayuno y de pan

    g. Coloque el finger bowl (recipiente para enjuagarse la yema de los dedos) con un tercio de agua tibia. Algunas veces, el finger bowl se presenta después del servicio de fruta ya que las éstas pueden ensuciar las manos.

    h. Coloque la cuenta, con la parte impresa hacia abajo, a la derecha del cover o preséntela en una bandeja limpia.

Servicio de Almuerzo

*L*os clientes en el almuerzo usualmente pueden clasificarse en dos grupos: la gente de negocios que cuenta con poco tiempo para comer y quiere un servicio rápido, y los comensales casuales que quieren un servicio más distendido . La tarea del mesero es evitar tener a los clientes en el primer grupo esperando por el servicio, y también evitar que los del segundo grupo se sientan que están siendo apurados.

Orden de Servicio para Almuerzo

1. Llenar los vasos de agua helada hasta tres cuartos.

2. Coloque la manteca fría en un plato frío de pan y manteca.

3. Coloque entradas en el centro del cover.

4. Retire la entrada cuando el comensal haya terminado con ella.

5. Coloque la sopa en el centro del cover.

6. Retire el servicio de sopa.

7. Coloque el plato de entrada en el centro del cover.

8. Coloque los platos individuales de vegetales (si se utilizan) sobre el cover.

9. Si la ensalada se sirve como plato principal, coloque la ensalada a la izquierda de los tenedores, a aproximadamente dos pulgadas del borde de la mesa.

10. Coloque la bandeja o la cesta de pan a la izquierda del plato de ensalada.

11. Coloque las bebidas calientes por encima y un poco hacia la derecha de la copa y la salsera, y la cremera individual encima de la copa.

12. Coloque una bebida helada o leche a la derecha y un poco por debajo del vaso de agua.

13. Quite los platos del plato principal.

14. Quite la platería que no haya sido utilizada en el plato principal.

15. Limpie la mesa, si fuera necesario.

16. Coloque la platería para el postre a la derecha de la mesa, el tenedor lo más cercano posible al plato de postre si se utilizan tenedor y cuchara de té. Cuando se colocan varias cucharas de té, el tenedor de postre puede colocarse a la izquierda, para "balancear el cover."

17. Coloque le servicio de postre en el centro del cover.

18. Sirva el café caliente si se lo piden.

19. Quite los platos de postre y la platería.

20. Coloque el finger bowl en el underliner (cuando se utiliza uno) en el centro del cover.

21. Presente la cuenta, con la parte impresa hacia abajo.

Servicio de Cena

Ya que es difícil que los clientes de la cena estén en apuros, su mesero tiene la posibilidad de brindarles un tipo de servicio más distendido que en el desayuno o en el almuerzo. Pero aunque el comensal se permita tener suficiente tiempo para completar cada plato, las esperas prolongadas entre plato y plato deben evitarse. El mesero debe cuidadosamente observar a los comensales durante la comida para servir el siguiente plato con rapidez y satisfacer todo requerimiento especial de los comensales.

Orden de Servicio de Cena

1. Desde la izquierda, coloque la entrada u hors d'oeuvres en el centro del cover. Una bandeja de canapés y hors d'oeuvres se ofrece a menudo al comensal. En este caso, se debe colocar un plato vacío antes de presentar la bandeja y luego recién ahí ofrecer los hors d'oeuvres.

2. Quite los platos del plato principal.

3. Coloque el servicio de sopa en el centro del cover.

4. Quite el servicio de sopa.

5. Cuando la entrada se sirve en bandeja, colóquela directamente sobre el cover. Coloque la platería de servicio a la derecha de la bandeja. Coloque el plato de cena al centro del cover.

6. Cuando se utiliza el servicio "Ruso", coloque la fuente en el centro del cover.

7. Coloque la ensalada a la izquierda de los tenedores cuando se sirve con el plato principal.

8. Coloque las bebidas a la derecha de las cucharas de té.

9. Ofrezca panes o colóquelos a la izquierda del plato de ensalada..

10. Remueva los platos del plato principal cuando el comensal haya terminado de comer.

11. Cuando la ensalada es servida como un plato separado siguiendo al plato principal, coloque el tenedor de ensalada a la izquierda y el plato de ensalada en el centro del cover.

12. Quite el servicio de ensalada.

13. Limpie la mesa si fuera necesario.

14. Coloque la platería para el plato de postre.

15. Coloque el servicio de postre en el centro del cover.

16. Sirva el café caliente o coloque el demitasse.

Detalles a tener en cuenta al servir

1. Servir caliente la comida caliente, en platos calentados.

2. Servir la comida fría en su temperatura óptima, en platos fríos..

3. Pregunte por los puntos de cocción:
    Huevos: fritos o hervidos; cuantos minutos.
    Bifes: jugoso, a punto o cocido.
    Tostado: con manteca o solo.

4. Rellenar los vasos de agua cuantas veces sea necesario durante la comida.

5. Servir manteca extra cuando se requiera.

6. Rellenar el café si se pidiera y de acuerdo a las políticas de gerenciamiento. Llevar más crema si fuera necesario.

7. Servir azúcar granulada al servir las frutas frescas y bebidas heladas sin azúcar.

8. Colocar la platería necesaria para un plato justo antes de servirlo.
   a. Las cucharas de sopa se colocan al extremo derecho de las cucharas de té.
   b. El tenedor de cocktail se ubica a la derecha de la cuchara de sopa.

9. Ofrecer galletitas, tostadas y otros acompañamientos o guarniciones con los aperitivos y platos de sopa, de acuerdo a las políticas de gerenciamiento.

10. Proveer de cucharas heladas para tragos helados y de cucharas de parfait cuando se sirve parfait. Lleve sorbetes para las sodas, malteadas, milkshakes y tragos helados.

Montaje de una Mesa elegante

Una de las primeras tareas del mesero es la de chequear sus mesas antes de dar por comenzado el servicio para de esa manera asegurarse que todo esté en orden.

Aquí hay algunos pasos importantes para el montaje de mesas:

- Enjuague las mesas con una solución sanitizante y un trapo seco antes de montarlas.

- Chequee que las sillas no estén pegajosas ni tengan migas.

- Asegúrese que los manteles sean de la medida correcta. Coloque el mantel doblado al medio en el centro de la mesa y ábralo cubriéndola.

- Arme cada lugar (con vajilla, platería, servilletas y cristalería). Asegúrese de tomar a las copas por sus cuellos y a los platos por los bordes, chequeando que nada esté roto, craqueado o sucio.

- Constate que los centros de mesa estén limpios y frescos si incluyen flores o velas.
- Pliegue las servilletas y colóquelas en la mesa.

Plegado de Servilletas

El plegado de servilletas en un establecimiento es importante para crear una ambientación. Mientras que los establecimientos más sencillos utilizan plegados simples, los restaurantes de lujo utilizan técnicas de plegado más complejas. Asegúrese de comenzar con servilletas limpias y planchadas. Las servilletas viene en distintos tamaños: las de comida miden de 18–24 pulgadas; las de cocktail usualmente de 4–6 pulgadas. Hay muchos tipos de pliegues distintos y cualquiera de ellos hará sus mesas más festivas y elegantes. Aquí hay una lista con los pliegues de servilleta más populares:

- Plegado Iris
- Pliegue de cena
- Pliegue sobre barrilete
- Pliegue Flirt

- Pliegue danés de vela
- Pliegue cascada
- Pliegue murciélago

Usted también puede agregar accesorios a las servilletas, como por ejemplo anillos. Otras ideas también pueden incluir flores y hierbas frescas o carteles con los nombres de los comensales. Para añadir una flor fresca a sus servilletas, necesitará reunir una servilleta, algunas ramas flexibles pequeñas y una flor fresca. Tome una servilleta por el centro y amárrela con las ramas tres pulgadas abajo del centro de la misma. A continuación, adose un pimpollo de flor a las ramas. Puede también apoyar el capullo sobre una hoja de hiedra.

Para decorar sus servilletas con hierbas frescas necesitará hierbas frescas, una servilleta y ramas pequeñas o un cordón. Doble en forma de cuadrado una servilleta y colóquela sobre la mesa en diagonal. Empuje las puntas hacia la izquierda y los lados derechos colóquelos debajo de la servilleta. Reúna varios ramilletes de hierbas y átelos con un cordón. Coloque las hierbas en el centro de la servilleta.

Si está colocando el arreglo para un buffet o fiesta especial como una cena de ensayo de boda, usted puede incluir los nombres en la presentación de la servilleta. Pliegue la servilleta como lo hizo para el bouquet floral y utilizando un poco de cinta y lápiz para telas, escriba los nombres de los comensales y de forma de V a los bordes. Envuelva con cinta cada servilleta.

Centros de Mesas

Los centros de mesa también deben reflejar el ambiente del salón. También pueden reflejar la época del año o un tema específico. Deberían colocarse por debajo del nivel de la vista o por encima de manera tal que los clientes se puedan ver entre ellos. Un centro de mesa puede hacerse con muchas cosas: flores frescas, velas, espejos, madera, tubos de cobre, etc.

Aquí debajo se listan algunas ideas para centros de mesa:

- Flores secas

- Flores frescas en jarrones

- Flores de seda

- Botellas con velas

- Velas

- Plantas en macetas

- Calabaza u otra hortaliza con frutas frescas o secas en su interior

- Contenedores con conchas marinas

- Lámparas tipo "Sol de noche"

- Vasijas pequeñas de vidrio con piedras de vidrio de colores en su interior

Sea cual fuesen los centros de mesa elegidos, los meseros deben ser asesorados con respecto a los cuidados y mantenimiento de los mismos. Si se utilizan flores frescas, deberían estar asesorados para cambiar las flores cuando éstas se empiezan a marchitar. Las flores de seda o secas no deben tener polvo, así como tampoco las velas o cualquier otro objeto utilizado como centro, ya sea un cesto o vasija. Las velas también deben ser repuestas con frecuencia para que luzcan limpias y frescas.

Capítulo 5

Toma de Órdenes

*A*ntes de que se le permita a un nuevo empleado atender las mesas, asegúrese que el o ella sabe tomar órdenes. Esta información puede ser fácilmente enseñada mediante ejercicios de juego de rol o sombras. Antes de dejar a los meseros actuar solos, usted debería considerar hacerlos pasar por un "examen final." ¡De esta manera usted se asegura que tome las órdenes de manera apropiada! Aquí se facilitan algunas pautas útiles para dar a sus empleados. La siguiente información le permitirá organizar su información para este tema de entrenamiento.

A los clientes les gusta tomarse un tiempo para ver el menú sin sentir que un mesero está esperando impacientemente para tomar la orden.

El mesero debería estar listo para tomar la orden tan pronto como el cliente se haya decidido. El mesero debe permanecer de pie a la izquierda del cliente, lo suficientemente cerca como para oírlo con facilidad y para responder ante cualquier inquietud. Si el cliente hace la órden por escrito, el mesero la debe leer en voz alta y preguntar si hubiere alguna instrucción especial. Cuando es el mesero quien escribe la órden, su escritura debe ser legible, las abreviaturas correctas, y el número de clientes debe incluirse.

Cuando se sirve a un grupo de personas, el mesero debe tratar de descubrir si hay un anfitrión o anfitriona en el grupo a quien pedirle instrucciones. Al tomar la órden, se debe recavar toda la información necesaria para servir la comida satisfactoriamente. Por ejemplo:

- La elección de comida para cada plato.

- Como los huevos por ejemplo, se van a cocinar.

- Si un tostado sale seco o mantecado.

- Si la carne se prefiere jugosa, a punto o pasada.

- Si un sandwich se sirve como es o tostado.

- Que clase de aderezo se prefiere para la ensalada.

- Si el café se debe servir con la comida principal o con el postre.

- Si el café se prefiere caliente o frío.

- Si se desea té negro o té verde

- Si el té se prefiere con crema o con limón.

Las comandas pre-impresas, usualmente denominadas "checks," vienen en formato de libro, con numeración consecutiva. Cuando se asignan estos checks, cada miembro del personal es responsable por los números que recibe. Los checks con errores, entonces, no deben ser destruidos; se deben efectuar correcciones trazando una línea sobre el ítem anulado o incorrecto; nunca borrarlo. El gerente debe aprobar estas correcciones. El check o comanda pre-impresa es entendido como una forma de registrar el pedido, como una cuenta del cliente, y también como una fuente de información sobre la venta. Los duplicados se utilizan para enviar los pedidos a la cocina.

Toma y Recolección de Órdenes

Los procedimientos para dar y recoger los pedidos en la cocina varían de acuerdo a la estructura organizacional, como así también a la disposición y regulaciones de cada restaurante. Sin embargo, algunos métodos se aplican en muchos lugares para ayudar a determinar tanto la rapidez del servicio como la condición y apariencia de la comida como se presenta ante el cliente. Cuando el mesero es cortés y considerado al entregar y recibir su orden, el ayuda a mantener las relaciones armoniosas entre la cocina y el personal de salón.

La disposición de la cocina y el número de estaciones de servicio determinarán los pasos a seguir por el mesero cuando recibe una orden. Alguien nuevo en el establecimiento debe aprender tan pronto como le sea posible las funciones de cada unidad y exactamente que comidas y adicionales están disponibles.

El mesero pone la orden en una rueda provista para ese propósito, o se la da al "expendedor" para que éste haga el pedido en la cocina. Las ordenes también se pueden enviar a la cocina desde un sistema de puntos de venta o "Mesero sin cable," (descrito luego). Cuando se utiliza una orden escrita, el mesero utiliza sus iniciales o número para identificarla.

El mesero no debe incorporar el hábito de decir que "está apurado" por sus ordenes; los cocineros seguramente están haciendo todo lo posible por cumplir con las órdenes rápido y en orden. Cuando un servicio ultra-rápido es realmente necesario, el mesero debe justificar su necesidad de servir con rapidez.
Tomar el tiempo de la orden

Un mesero debe saber cuanto tiempo demanda un plato para su preparación en la cocina, especialmente cuando las comidas se preparan sobre las órdenes.

Tomar el tiempo de la orden
Un mesero debe saber cuanto tiempo demanda un plato para su preparación en la cocina, especialmente cuando las comidas se preparan sobre las órdenes.

Armado de la Orden.
Las comidas que requieren una preparación más dedicada deben ordenarse primero. El mesero debe planear el armado de la orden de manera tal que el recoja cada ítem de la misma tan pronto como éste sea preparado. Esto asegurará que la comida sea servida en su temperatura correcta y evitará que quede sobre el mostrador esperando a ser servida. Se recomienda la siguiente secuencia general:

1. Cuando se completa una orden, recoger el equipamiento para el servicio y los acompañamientos fríos, tales como pan, galletitas, guarniciones, manteca y crema

2. Recoger luego los platos fríos, tratando de mantenerlos alejados de los platos calientes en la bandeja.

3. Los platos calientes deben ser recogidos en último lugar. La sopa debe cubrirse para que se mantenga el calor. Cubrir los platos con una cubierta caliente cuando se pueda.

4. Si se sirve pan caliente, recogerlo en último lugar para servirlos en sus óptimas condiciones.

5. Cuando se cambian los platos, se deben dar al cliente platos calientes para las comidas calientes y platos fríos para las comidas frías.

6. Enjuagar las teteras y cafeteras con agua caliente antes de rellenarlas con bebidas calientes. Nunca vierta bebidas heladas en vasos tibios ni coloque manteca en platos tibios.

Recuerde que el aspecto y temperatura de la comida bien preparada al salir de la cocina pueden verse alterados por el mal desempeño del servicio de un mesero que no piensa y es lento y descuidado.

Aproximacipon a la Mesa

El mesero debe acercarse a la mesa dentro del primer minuto que los clientes tomaron asiento. Esta es la primera impresión. Asegúrese que los meseros luzcan prolijos y profesionales. Las camisas deberían ser limpias y planchadas y los delantales deberían estar limpios. El mesero debería sonreír, establecer contacto visual, y saludar a los clientes diciéndoles su nombre. Si se desea, se podría llevar el agua a la mesa, ya sea quien lo haga el mesero, un bus o el anfitrión durante o antes de este intercambio.

Dar un trato amistoso

Solamente con un servicio eficiente no se ganará ni la buena voluntad del cliente ni que vuelva. Se deberían realizar esfuerzos para hacer sentir al cliente que su importancia es apreciada y que todo lo posible se hará para satisfacer su demanda. Para lograr este propósito, el mesero debería saludar al cliente cortés de una manera amistosa y mostrarse interesado y atento al recibir la orden.

A pesar de que una actitud amistosa es importante en la relación con los clientes, el mesero debería conservar su postura y no tomar demasiada confianza. El o ella debe comportarse como una persona de negocios en modales y no vincularse en conversaciones innecesarias. Bajo ninguna circunstancia se deben discutir temas personales con los clientes. La responsabilidad del mesero es vender y servir, no entretener.

Brindando atención rápida

La rapidez en la toma de órden del cliente es tan importante como saludarlo de la forma correcta. La anfitriona debe observar la entrada de clientes al salón, el mesero debe observar su estación de servicio y saber cuando se sientan nuevos clientes y el mesero de mostrador debería estar alerta de los clientes que se le aproximan para ser atendidos.

Al cliente le gusta ser percibido, que se le de un saludo ameno y un asiento deseable. El cliente llegó al restaurante buscando Buena comida y servicio y espera que sus necesidades se vean satisfechas. Cualquier servicio especial, que el restaurante provea que pueda resultar útil para el cliente, debería serle informado tan pronto como se presente la oportunidad. Algunos ejemplos incluyen:

1. Un cliente que necesita un servicio rápido porque tiene un vuelo temprano de mañana. Cuando un restaurante tiene un servicio de mostrador a la vez que el servicio de mesa, se le debería informar al cliente que se le servirá más rápido si toma asiento en el mostrador.

2. Una madre puede preguntar por un plato extra para compartir la comida con su hijo. Si está disponible algún servicio para niños con una selección de comida especial, porciones pequeñas y precios más bajos, este servicio debería explicársele a la madre.

3. Si un cliente elogia la pastelería y el restaurante toma órdenes para llevar, ofrézcale este servicio al cliente.

4. Si un cliente muestra agrado por su patio trasero, se le podría informar de las cenas que se organizan en el patio en los meses de verano.

Órdenes de Bebidas

Cuando el mesero se acerca a la mesa por primera vez, debe preguntar si se desea tomar algo. Puede querer hacer una sugerencia o simplemente informar a los clientes con que tipo de bebidas se maneja el restaurante. Asegúrese que sus empleados conozcan la información para este intercambio. El cliente que ordena un vodka martini con un twist se molestará si recibe un gin martini on the rocks! Este es también un buen momento para comentar en la mesa las especialidades..

Servicio de bebidas

Las bebidas deben servirse rápido. Asegúrese de colocar servilletas o posavasos debajo de los vasos. En este punto, usted puede preguntar a los clientes si están listos para ordenar. Si en la mesa no están decididos, vuelva a preguntar dentro de un lapso razonable de tiempo. Busque pautas que le indiquen que ya están listos para ordenar, la pauta más obvia es cuando cierran los menúes.

Explicación del Menú

El mesero debería estar familiarizado con el contenido de los menúes, como así también con sus correcciones y sus precios. A modo ilustrativo:

1. Con frecuencia un nuevo cliente está confundido y no puede encontrar un artículo en el menú. El mesero debe ser rápido para advertir esta incomodidad y brindar su asistencia para encontrar el artículo deseado.

2. Algunas veces el cliente no repara en los especiales u otro grupo de comidas del menú. El mesero en ese caso puede, con tacto, indicarle al cliente las opciones.

3. Un nombre en otro idioma o un término no frecuente en el menú pueden dejar al lector perplejo. En respuesta a esto, una explicación simple del significado del término o una descripción de los contenidos del plato serán bien recibidas. El mesero debería ofrecer las explicaciones de manera graciosa con actitud de ayuda, nunca arrogante o con desgano.

4. Un cliente con mala visión puede presentar dificultades para leer el menú. El mesero puede leerle los ítems y tomar su orden.

Toma de la Orden de Comida

La etiqueta normal dicta que se debe comenzar por las mujeres sentadas en la mesa. Si hubiera niños, también es apropiado comenzar por ellos. Nuevamente, busque pistas en la mesa. Si una mujer está visiblemente indecisa, la va a hacer sentir incómoda si insiste en tomarle el pedido en primer lugar. Permita ordenar al resto, para luego volver a ella. Asegúrese que sus meseros tengan un exhaustivo conocimiento del menú y puedan contestar cualquier pregunta sobre las preparaciones del menú.

Si el cliente parece estar inseguro, los meseros pueden hacer recomendaciones.

Despacho de Comida

Asegúrese que sus meseros sepan que la comida se sirve por el lado derecho del cliente y que los platos se retiran por la derecha. Además, observe que sus meseros toquen los platos solamente por los bordes. Es bastante desagradable ver el pulgar del mesero en su puré de papas! También, los meseros deberían llevar la comida de todo el mundo al mismo tiempo. Observe que le adviertan a los clientes cuando los platos estén calientes.

Checkeo Posterior

Corrobore que los meseros chequeen con los clientes a los dos o tres minutos que se los sirvió. Si hubiera un problema, el mesero se haría cargo de inmediato. No permita que el cliente se quede enojado a causa de un error.

Postre

Cuando el mesero retira los platos de entrada o en un momento posterior, el o ella debería preguntar en la mesa si se desea algún postre, cafés o tragos para después de las comidas. Tal vez usted quiera alcanzarles a los meseros menúes con los postres o una bandeja de postres para mostrar a los clientes. Los meseros también podrían hacer sugerencias para compartir los postres en caso de que se sientan llenos. A menudo una mesa comparte un postre, y una venta es mejor que ninguna!

Presentación de la cuenta

No se debería hacer esperar al cliente por su cuenta. Esta debería presentarse después que se haya servido el último plato o tan pronto como se haya terminado de comer. La cuenta debería ser totalizada con exactitud y colocarse mirando hacia abajo en la mesa, a la derecha del cover sobre una pequeña bandeja de cambio. Cuando se sirve a un grupo de varias personas, la cuenta se debería poner al lado del cover del anfitrión; si no se conociera quien es el anfitrión y la orden se escribió en una sola cuenta, la cuenta debe colocarse al centro de la mesa. Cuando un hombre y una mujer están cenando juntos, la cuenta debe generalmente colocarse de lado del hombre, a menos que se hayan escrito ordenes por separado. Esto se resuelve con sentido común, sin embargo; ante la duda, se debe colocar el cheque en el centro de la mesa. Es una práctica de cortesía preguntar si se requiere algún otro servicio antes de presentar la cuenta y agradecer al cliente cuando

se coloca la cuenta en la mesa. Cuando se recibe un billete como forma de pago, el mesero tiene que mencionar la denominación del mismo.

Cuando se presenta una tarjeta de crédito, se debe llevar una lapicera y decir las instrucciones apropiadas, tales como, "La copia blanca superior es su copia y la copia amarilla de abajo es la copia para el establecimiento". Cuando se sancionan las propinas, el mesero debe dejar el vuelto que corresponda. De todos modos, esto le dará al cliente la posibilidad de dejar una propina si el lo deseara. El vuelto debe colocarse en una bandeja de cambio o bandeja de propina provista para ese propósito, no en un plato de porcelana, ya que las monedas hacen un ruido innecesario al caer en la porcelana. Además, cuando se le quita el dinero, el plato parecerá limpio, y podría ser más tarde usado para la comida sin haber sido lavado previamente. Es incorrecto que el mesero indique que se espera una propina o que una cierta cantidad debe ser anticipada. También es descortés mostrar desagrado si la propina resulta ser por menos de lo habitual. Cuando un cliente deja una propina, está indicando su deseo de recompensar al mesero por los servicios prestados.

Cuando ya es obvio que la gente de una mesa está por irse o cuando el cliente pide la cuenta, el mesero debería alcanzarla rápidamente. Es también una buena idea del mesero explicar los procedimientos de pago del restaurante. El o ella podría decir, "Cuando estén listos, volveré y me haré cargo de esto."

Es un lindo detalle por parte del mesero decir "Adios" cuando los clientes se retiran. Esto le deja al cliente un sentimiento amistoso. Después de todo, ¡Acaba de pasar una hora o más en compañía del mesero!

Se deben tener con los clientes pequeños detalles de cortesía. Por ejemplo, un mesero podría correrle la silla a una dama o ayudarla con su saco y paquetes. El mesero debe intentar decir "Adios" a todos los clientes y expresar su deseo de que hayan disfrutado la comida o que vuelvan pronto. Esta clase de cortesías hacen sentir a los clientes que han sido realmente bienvenidos.

Levantando la Mesa

Los siguientes son procedimientos standard para desmontar una mesa:

1. Después de cualquier plato, los platos deben ser quitados

por la izquierda, excepto el servicio de bebidas que debe quitarse por la derecha.

2. Las bandejas y platos de servir deben quitados en primer lugar al desmontar una mesa, o pueden ser quitados tan pronto como se hayan vaciado.

3. El plato del plato principal debe ser quitado en primer término, luego el plato de ensalada, seguido por el plato de pan y manteca.

4. El vaso vacío de leche o gaseosa debe ser removido por la derecha luego del plato principal.

5. La mesa quedar libre de migas con la ayuda de un pequeño plato y una servilleta limpia plegada. Esto es importante sobre todo cuando se sirven panes crocantes.

6. El servicio de té caliente y café debería permanecer en la mesa hasta que se haya terminado el plato de postre.

7. El vaso de agua debería permanecer en la mesa y procurar mantenerlo lleno mientras en comensal esté sentado.

8. Cambiar los ceniceros usados por limpios las veces que sea necesario durante la comida.

9. Cuando un comensal esté sentado en la mesa y sea necesario cambiar un mantel sucio, doble el mantel sucio por la mitad, coloque la mitad del mantel limpio delante del comensal, y transfiera lo que está arriba de la mesa al mantel limpio. El mantel sucio entonces puede ser arrastrado de la mesa y el limpio puede acomodarse en su sitio. Si este cambio de mantel se lleva a cabo con habilidad, al comensal no le molestará el procedimiento. El mantel sucio debe ser inmediatamente puesto fuera de la

vista de los comensales.

Servicio de Mesas Múltiple

$\mathcal{U}$na vez que sus empleados tienen claro como servir una mesa, necesitan aprender como servir muchas. Digamos que un mesero es responsable de tres mesas. Las primeras dos están sentadas al mismo tiempo. El mesero trae agua a las dos mesas. Luego toma la orden de bebidas de cada mesa. Cuando viene con los tragos, el anfitrión sentó una tercera mesa. El mesero se debe quedar con las primeras dos mesas y ver si están listos para ordenar. Si lo están, el mesero debe tomar la orden, y proceder a tomar la orden de bebidas de la mesa 3. Luego, el o ella debería llevar la orden de comida de las mesas 1 y 2 a la cocina. Después que el mesero lleva las ordenes a la cocina, regresa con las bebidas de la mesa 3 y ve si están listos para ordenar. Si usted observa que algún mesero está muy atareado, dele una mano o pídale al anfitrión, anfitriona o bus que

lo haga por usted. También trate de limitar la cantidad de mesas por mesero a cuatro o cinco. Sin estas pautas, un servicio de excelencia se torna imposible.

Tips Generales de Servicio al Cliente

Aproximación a la mesa

- Sonría y salude al cliente con calidez.
- Preséntese y sea cortés.

Sentar a los clientes
- Ayude con las sillas individuales como las de bebés y niños.
- Quite los cubiertos que no vayan a ser utilizados.
- Ayude a los clientes con discapacidad.
- Presente a los clientes el menú por el lado derecho, utilizando su mano derecha.

Toma de Órdenes de Bebidas
- Pregúntele a los clientes si les gustaría comenzar con un trago.
- Asegúrese de tomar todos los detalles de las ordenes de bebidas, si los clientes quieren su trago en las rocas o no, y chequee los acompañamientos.
- Preste especial atención a los niños al tomar su orden de bebidas y vea si el cliente quiere que se le tome la orden al niño directamente.

Servicio de Bebidas
- Coloque una servilleta para bebidas en frente del cliente.
- Sirva todos los tragos por la derecha y póselos sobre una servilleta.

Sobre los especiales
- Cuando traiga la primer orden de tragos, comente a los clientes sobre los especiales, describiendo los métodos de preparación, ingredientes y precio.

Vuelva a la mesa por una segunda orden de tragos y una entrada
- Si se ordenan segundos tragos, quite los primeros vasos y servilletas.
- Rellene los vasos de vino si los clientes estaban tomando una botella.

- Pregunte a los clientes si tiene alguna duda sobre el menú o los especiales.

- Pregunte a los clientes si no gustarían de una entrada o ensalada para comenzar su comida.

Toma de orden de comida

- Pregunte a los clientes si ya están listos para ordenar. Tome las ordenes, comenzando por las mujeres, de ser posible.

- Sugiera ensaladas o acompañamientos que sean apropiados para la entrada elegida.

- Asegúrese de recolectar toda la información que necesita, como puntos de cocción en las selecciones de carne y la elección de los platos de acompañamiento.

- Utilice las abreviaturas apropiadas al llenar la cuenta de los clientes.

- Al tomar la orden, asegúrese de circular alrededor de la mesa para poder hablarle a los clientes uno por uno.

- Continué tomando las ordenes en sentido horario alrededor de la mesa.

- Junte los menúes.

- Limpie la mesa si fuera necesario.

Pedidos Especiales

- Asegúrese de conocer el menú y sea capaz de ofrecer alternativas a los clientes con alergias y restricciones dietarias, etc.

- Escriba todos los pedidos especiales en una lista, asegurándose de comunicar la información a los cocineros también verbalmente.

- Chequee preguntas sobre los ingredientes con el personal de la cocina para asegurarse que sustituciones pueden hacerse.

Despacho de Ensaladas y Entradas

- Entregue platos individuales si los clientes comparten una entrada.

- Entregue con las entradas o aperitivos salsas y acompañamientos.

- Pregunte si los clientes quisieran granos de pimienta en sus ensaladas.

Preparación de la Orden de Comida y Entrega de la Orden a la Cocina

- Antes de enviar la orden a la cocina, ingrese los ítems ordenados en la caja registradora computarizada o sistema de punto de venta.

- Coloque la orden en la ranura correspondiente para que los cocineros la tomen (usted puede necesitar informar a los cocineros de la orden verbalmente para que sepan que hay un pedido).

- Verifique que toma el tiempo correcto para sus ordenes. Ordene el siguiente plato cuando los clientes llevan comidos 3/4 del plato actual (si la cocina está ocupada, deberá dejar la orden antes).

Servicio de Comida—Retiro de Comida

- Recolecte todo el equipamiento de servicio necesario y los acompañamientos fríos como pan, galletitas, aderezos, manteca y crema.

- Después recoja los platos fríos, tratando de mantenerlos alejados de los platos tibios de la bandeja.

- La comida caliente debería recogerse en ultimo lugar. Cubra la sopa para mantener el calor. Cubra los platos calientes con una campana si hubiera.

- Si se sirven panes calientes, recójalos en ultimo lugar para servirlos en óptimas condiciones.

- Cuando se utiliza un recipiente o bandeja, proporcione platos calientes para comidas calientes y platos helados para ensaladas y otras comidas frías.

- Enjuague bien las teteras y cafeteras con agua caliente antes de rellenarlas con bebidas calientes. Nunca vierta agua helada en vasos tibios ni coloque manteca en platos tibios.

- Mientras espera que las ordenes salgan de cocina, chequee con la mesa si se necesita algún trago o alguna otra cosa más.

- Si una orden se demora más de lo esperado por usted, chequee con el jefe de cocina o con el gerente de cocina por la demora.

- Si la comida se retrasa, no deje que los clientes esperen sin darles explicación. Si el gerente está de acuerdo y la demora es significativa, usted puede ofrecer a los clientes un trago u entrada libre como manera de disculparse por la demora.

- Si usted está muy ocupado cuando una orden sale de cocina, busque asistencia la de otro mesero, de un bus, del anfitrión o anfitriona o del gerente.

- Chequee todas las ordenes antes de llevarlas a la mesa para asegurarse de que estén correctas.

- Verifique que los platos se vean atractivos (sin manchas o goteos), que todas las guarniciones estén en los platos y que la temperatura esté correcta (las comidas calientes son calientes y las frías son frías).

Servicio de Comida—Cargando la Bandeja

- Coloque los platos de comida más pesados en el centro y las piezas más livianas en los bordes. Las tazas no se deben colocar sobre las salseras.

- Los platos fríos y calientes no deben tocarse.

- Las tetera y cafetera no deben estar tan llenas como para derramar líquido por sus picos.

- Los picos de las teteras y cafeteras no vierten líquidos sobre platos.

- Una bandeja debería cargarse de manera tal que esté equilibrada y los objetos sobre ella no resbalen ni se caigan al transportarse. Asegúrese que la bandeja esté limpia.

- Antes de dejar la estación de servicio, chequee la orden para ver que esté correcta, completa, bien preparada, en la cantidad apropiada para servir, adecuadamente decorada y atractivamente servida, sin salpicaduras ni restos de comida en los bordes del plato.

- Antes de dejar la cocina, verifique de estar transportando todo el equipamiento necesario para el servicio para el plato que lleva en la bandeja.

Preparación de la Mesa Para el Servicio y Retiro de Platos

- Coloque los cuchillos de carne en los lugares de los clientes si es necesario.

- Lleve cualquier condimento que el cliente pueda necesitar, verificando previamente que las botellas estén llenas.

- Pregúnteles a los clientes si no se les ofrece otra bebida para acompañar la comida.

- Después de cualquier plato, los platos deben ser retirados por la izquierda, excepto el servicio de bebidas que se retira por la derecho (nunca apile platos sucios en presencia de los clientes).

Despacho de Comida

- Utilice una bandeja cubierta por servilletas limpias para transportar más de dos entradas.

- Sirva a los niños en primer lugar, luego a las mujeres y a niños.

- Sirva la comida por la izquierda del comensal con su mano izquierda de ser posible, pero nunca se cruce por delante de ellos.

- Coloque la bandeja con la entrada de tal manera que el ítem principal esté cerca del cliente.

- Coloque los platos adicionales a la izquierda del plato de entrada.

- Pregunte a los clientes si necesitan algo más.

- Retire los platos sucios de los platos anteriores como así también los vasos vacíos, y proporcione ceniceros limpios si correspondieran.

Postre

- Al retirar los platos, pregunte a los comensales si quieren café o si les agradaría ver el menú o el carrito de postres.

- Prepárese para describir los postres a los clientes, y sugiérales que tal vez deseen compartir un postre.

- Lleve las ordenes de café con crema y azúcar.

- Lleve a la mesa las ordenes de postres (con platos extras y tenedores si los clientes comparten postre).

- Reponga el café.

Despejando la Mesa

- Las bandejas y otros platos de servicio deben ser quitados en primer lugar al desmontar una mesa o también pueden retirarse tan pronto como se hayan vaciado.

- Ante todo se debe quitar el plato del plato principal, luego el plato de ensalada seguido por el de pan y manteca.

- El vaso de leche o bebida vacío se quita por el lado derecho al terminarse el plato principal.

- La mesas se debe despejar de migas con la ayuda de una servilleta limpia y un plato pequeño. Esto es particularmente importante cuando se sirvieron panes crocantes.

- El servicio de té y café sobre la mesa debería permanecer hasta que se termine el postre.

- El vaso de agua debería permanecer sobre la mesa y mantenerse siempre lleno por el período que el cliente permanezca sentado.

- Cambie los ceniceros sucios por otros limpios cuantas veces sea necesario durante la comida.

- Cuando un comensal esté sentado en la mesa y sea necesario cambiar un mantel sucio, doble el mantel sucio por la mitad, coloque la mitad del mantel limpio delante del comensal, y transfiera lo que está arriba de la mesa al mantel limpio. El mantel sucio entonces puede ser arrastrado de la mesa y el limpio puede acomodarse en su sitio. Si este cambio de mantel se lleva a cabo con habilidad, al comensal no le molestará el procedimiento. El mantel sucio debe ser inmediatamente puesto fuera de la vista de los comensales.

Pago de la Cuenta

- Presente la cuenta al cliente dentro de una pequeña carpeta y dígale que la recogerá cuando esté listo.

- Resuelva cualquier consulta o discrepancia sobre la cuenta.

- Si el cliente paga con dinero en efectivo, coloque el vuelto dentro de la carpeta pequeña.

- No levante la propina de la mesa hasta que el cliente se haya ido.

- Si el cliente es usuario de tarjeta de crédito, pida autorización a la tarjeta. Si esta fuera denegada, educadamente pida al cliente otra tarjeta o pregunte si prefieren pagar en efectivo. Al retornar después de la aprobación de la tarjeta, asegúrese de traer una lapicera para alivio del cliente. Asegúrese que el cliente haya firmado el cupón de la tarjeta de crédito y dejado la copia perteneciente al restaurante.

- Al volver con la factura y/o el cambio, agradezca a los clientes e invítelos a regresar.

- Informe a la gerencia o a seguridad en el caso de que un cliente se retire sin haber abonado previamente.

Capítulo 6

Transporte de Bandejas

£l transporte de bandejas es una parte importante del trabajo de sus meseros y hay maneras correctas e incorrectas de realizarlo. Hay varios principios que usted querrá que sus empleados tengan en mente al entrenarse en esta materia.

Bandejas con Comida

Si su mesero está cargando una bandeja grande, el o ella debe apoyarla para servir. Es bastante sencillo servir desde una bandeja pequeña, pero servir puede ser riesgoso si el mesero trata de hacerlo

desde una bandeja grande.
Otra opción es que un
segundo mesero escolte
al primero y le sostenga la
bandeja.

Carga de las Bandejas

Cargue las bandejas de
comida con los artículos más
pesados muy cerca de su
cuerpo para poder utilizar
su cuerpo para balancear.
Asegúrese que sus meseros
balanceen los artículos en la
bandeja. Los platos que salen
al salón comedor para el

servicio nunca deberían apilarse; si el mesero necesita dos bandejas,
permítales utilizarlas.

Cuando un mesero carga su bandeja, coloca los platos más grandes
y pesados en el centro y las piezas pequeñas y livianas a los
costados. Las tazas no se colocan sobre las salseras. Los platos fríos y
calientes no se tocan. Las teteras y cafeteras no se deben llenar hasta
el tope o hasta que el líquido se derrame por sus picos. Los picos
se colocan de manera tal que queden orientados lejos de los platos
y las comidas. Una bandeja debe ser cargada de manera tal que los
objetos en ella estén balanceados y no se patinen o caigan cuando
se transporta. Entre las precauciones a tener en cuenta al cargar la
bandeja, están las siguientes:

- Antes de dejar una estación de servicio, chequee la orden
  para corroborar que sea correcta, completa, cocinada
  adecuadamente, que sean la porciones correctas, que la
  guarnición sea la apropiada y que esté atractivamente

servida, sin que haya salpicaduras o restos de comida en los bordes del plato.

- Antes de salir de la cocina, chequee la bandeja para comprobar que toda la comida y el equipamiento para el servicio estén en ella.

- Chequee que la bandeja esté limpia.

- Cargue los objetos más pesados en el centro.

- Al apilar platos, no apile más de cuatro.

- No sobrecargue la bandeja.

- Si lleva una bandeja grande, apóyela para servir.

- Para balancear el peso al transportar un cocktail, colocar el objeto más pesado al centro de la bandeja.

- Las manijas deben quedar orientadas hacia la parte externa de la bandeja de modo que le resulten fáciles de maniobrar al mesero.

- Si se transporta comidas o bebidas sin bandeja solo transporte comidas que requieran un solo viaje.

Bandejas de Cocktail

Las bandejas de cocktail deben ser cargadas con la bebida mas pesada en el centgro, para balancear la bandeja. Las manijas deben mirar hacia afuera para hacer más facil el agarrar las copas.

Servicio con los Brazos

Muchos meseros transportan comida y bebida sin bandejas. Esto solo debería hacerse en caso de que la comida se pueda llevar de una sola vez. Si la cantidad a transportar es grande y se requiere para esos dos viajes utilizando los brazos, el mesero debe utilizar una bandeja. Los meseros deberían ser capaces de transportar cuatro platos (tres en la mano derecha y brazo y uno en la izquierda), o tres vasos o dos copas y salseras.

Tarea del bus

Cuando el bus utiliza las bandejas, asegúrese que apile los platos de manera prolija. El apilamiento debe hacerse en el salón con suma quietud. Es importante remarcar que no debe permitir que nadie del personal de servicio apile los platos en el salón; esto es desagradable y puede evitarse haciéndolo en un lugar no visible a los clientes.

Capítulo 7

Sugerencias y Ventas Sugestivas

 l cliente puede solicitar información sobre el menú o sugerencias sobre su elección de comidas antes de ordenar. El mesero informado e inteligente puede ofrecerle un servicio real al cliente a la vez que vende la comida con efectividad para el restaurante. Esta es una oportunidad de ser más que un mero tomador de ordenes y servidor; el o ella también puede ser una persona exitosa en ventas.

Antes de que el mesero tome una orden inteligentemente, debe haber estudiado el menú y debe estar familiarizado con los especiales del día y sobre las opciones de comidas en un menú especificado. Cuando un nombre extranjero o un término inusual es utilizado para describir un producto, el mesero debe poder ser capaz de pronunciarlo correctamente y de saber su significado en términos de preparación o modo de servir. Algún cliente seguramente preguntará por esos productos. Es molesto para el cliente si el mesero desconoce la respuesta y debe ir a consultar a otra persona con la pérdida de tiempo que esto conlleva.

El mesero no solamente debe saber como se prepara un producto y como se sirve, sino también conocer el sabor de ese producto. Muchos restaurantes progresistas demuestran sus platos y especialidades a sus meseros antes de dar por comenzado el período de servicio para que ellos degusten y vean la comida antes de ofrecerla. Cuando se le pregunta al mesero si algo tiene buen sabor, su respuesta resultará mucho más efectiva si el dice sinceramente: "Si, a mi me agrada mucho," o "Creo que es delicioso."

Sugerencia de Selecciones al Cliente

Cuando un cliente no conoce al restaurante, duda sobre su elección con respecto a la comida o está confundido porque no halla algunos productos dentro del menú, es ahí donde el mesero tiene una oportunidad real de ayudar mediante sugerencias oportunas. El mesero debe tener tacto al ofrecer las sugerencias y debe hacer uso de su inteligencia en tiempo y forma. Por ejemplo:

- Un plato de vegetales o una combinación de sandwich y ensalada se pueden sugerir en el caso de que el cliente exprese su deseo de "comer algo liviano."

- El "grillado especial mixto" puede ser una buena sugerencia para un cliente que no puede encontrar ninguna carne de su agrado en el menú regular.

- El mesero puede comentar que "el pollo frito es preparado muy bien" o que "que el jamón glaseado es fabuloso" a un cliente indeciso que no puede elegir.

- El mesero debe ser capaz de poder asistir al cliente, de ser necesario, a mejorar los valores nutricionales y la degustación de la comida. El mesero puede sugerir un vegetal fresco o una ensalada cuando un cliente ordene carne y una guarnición de papas, o recomendar un sorbete o fruta fresca en lugar de un postre sustancioso si el cliente comió cerdo rostizado como plato y pide sugerencias sobre postres.

- El cliente puede verse tentado a consumir un cordero rostizado ofrecido en el menú table d´hotel, pero sentir que no puede pagar tanto dinero. En ese caso, el mesero puede sugerir el cordero rostizado del menú especial sin entrada ni postre a un precio menor.

El tacto y la discreción deben utilizarse al hacer sugerencias a los clientes. El cliente debe sentir que el o ella se favorece con la sugerencia y no que está siendo forzado/a a comprar. Cuando el cliente no acepta la sugerencia, el mesero bajo ningún punto debe mostrar su enojo o desilusión.

También se lo puede influenciar al cliente a hacer la orden más completa de la que hubiera realizado sin ayuda del mesero. Por ejemplo:

- Si el cliente ordena un sandwich o una ensalada, el mesero puede preguntar, "¿Qué prefiere tomar?: ¿Té, café o leche?" para de esta manera influenciar al cliente a sumar una bebida a su orden original.

* Cuando un cliente ordena un alimento grillado que se cocina especialmente para su orden, el mesero debe avisar previamente al cliente el tiempo que requiere la preparación y luego ofrecer una entrada o sopa.

* Cuando se sirve un plato de carne a la carta, el mesero puede volver a la mesa, presentar el menú abierto y preguntar: "?Les gustaría seleccionar un postre?" Otra forma de sugerir es nombrar un postre atractivo como por ejemplo: "la torta de chocolate es muy buena" o "Tenemos helado de duraznos frescos hoy."

Sustituciones

Si el cliente pide una sustitución del menú habitual, una media porción o un servicio especial, el mesero debe asegurarse que ofrecer ese servicio le sea permitido antes de prometerlo al cliente. Si existen dudas al respecto, debería dirigirse al anfitrión o al gerente para ver que decisión se toma.

Propósitos de la Venta Sugestiva

Los clientes de restaurantes pueden agruparse dentro de dos categorías: los que saben que van a ordenar y los indecisos. La indecisión puede deberse a la nula familiaridad con el restaurante, a la dificultad de interpretación del menú, a la falta de apetito o al presupuesto limitado. En cada caso el mesero puede ayudar al cliente, ya sea suministrando información o sugiriendo.

Cuando un servicio proporcionado a un cliente define la elección de un plato que no había sido considerado por el cliente, el mesero está apelando a la venta sugestiva.

Conociendo las Necesidades de los Clientes

La mejor forma de venta sugestiva es la que se basa en el conocimiento de los gustos positivos y negativos de los clientes. Este tipo de venta es particularmente aplicable al cliente regular. El mesero debería ser capaz de llegar a las preferencias de los clientes para poder hacer sugerencias satisfactorias.

Por ejemplo, el mesero puede sugerir ostras al vapor a un viajero, una comida caliente a un hambriento trabajador industrial; una ensalada y un sandwich a alguien que esté de compras. Cuando el restaurante está ubicado cerca del mar, el mesero puede ofrecer productos de mar a los viajantes. Las sugerencias de comida típica de una región geográfica son apreciadas por el visitante de la región. El mesero debe considerar la cantidad de dinero que el cliente está dispuesto a pagar cuando hace una sugerencia sobre la comida. El o ella debería adaptar las sugerencias al nivel de precio general que el cliente puede pagar para consumar una venta que resulte satisfactoria.

Si el cliente manifiesta que quiere gastar $20 en su cena, entonces se debe focalizar el esfuerzo en ofrecer una sugerencia dentro de ese precio. Por otro lado, si el cliente indica que quiere limitar su gasto a $10 o menos, el mesero debe ayudarlo a hacer una elección dentro de los artículos disponibles a ese precio.

El mesero debe ayudar a buscar una comida acorde a las necesidades nutricionales del cliente. Cuando un cliente le dice al mesero sobre sus restricciones dietarias o pide sugerencias para una comida balanceada, el mesero puede sugerir artículos comestibles y combinaciones dentro del menú para aunar sus necesidades. Por

ejemplo:
:

- Sugiera fruta fresca si los postres están prohibidos o el azúcar está restringida.

- Sugiera aderezo francés en lugar de mayonesa, o helado en lugar de flan, si no está permitida la ingesta de huevos.

- Sugiera consommé en lugar de sopa crema y pollo rostizado en lugar de pollo al rey, cuando el cliente padezca de alergia a los lácteos.

- Cuando se eliminan de la dieta los productos con trigo, el mesero debería evitar servir carne con salsa, y en su lugar llevar el jugo natural de la carne sin espesantes, y deberían sustituir los waffles de avena o panes de harina de trigo por una manzana asada o por un helado de fruta o remplazar con un plato de fruta fresca la torta del menú.

- Si el cliente cuenta calorías, el mesero puede ayudar sugiriendo comidas con bajas calorías.

Sugerencia de Ítems Adicionales

El mesero puede sugerir ítems adicionales al cliente que hagan aumentar el tamaño de la orden. El propósito de estas sugerencias debería ser ayudar al cliente a efectuar una elección satisfactoria y, al mismo tiempo, vender comida adicional. Este tipo de venta sugestiva puede ser utilizado como ventaja cuando el menú hace su elección guiándose por la carta. Por ejemplo:

- Sugiera una bebida en una orden de ensalada o postre.

- Sugiera un sandwich con una orden de sopa o licuado

- Sugiera una sopa, cocktail o alguna otra cosa "para comezar" con una orden de comida frita o grillada preparada por pedido.

- Sugiera vegetales o ensalada con una orden de carne y papas.

- Un cliente que eligió una combinación que no incluye postre puede ser alentado a pedirlo; por ejemplo, "Tenemos tarta Georgia de duraznos frescos hoy" o "El cantalupe Colorado salió muy bien" La presentación del menú y la forma de dirigirse, "¿Qué le agradaría como postre?" puede iniciar una venta, mientras que la pregunta, "¿Les gustaría algo más?" probablemente suscitará una respuesta negativa.

Promoción de Especiales

Antes de sugerir un especial, debe saber que es el especial. Pídale al gerente o al jefe una descripción detallada antes de su turno laboral; tal vez hasta le ofrezcan de degustar para poder describir con mayor eficacia el sabor a los clientes.

Los restaurantes ofrecen especiales por varios motivos. Focalizándose en esas razones cuando se ofrecen a la venta para los clientes:

- Los especiales están hechos de ingredientes locales.

- Los especiales están hechos con ingredientes de estación.

- Los especiales tienen un precio menor.

- Los especiales son porciones más pequeñas.

- Los especiales son ítems que a menudo no se encuentran en el menú.

- Los especiales son ítems que el restaurante está poniendo a prueba antes de incluirlos en el menú.

Sugerencia de Ítems de Mayor Valor

La comida o menú sugerido por el mesero puede ser más caro que el que el cliente pudo haber elegido. En este caso, al igual que cuando se sugieren adicionales, el mesero debería considerar los deseos y satisfacción del cliente antes que el total de la venta. Los ítems de un valor más elevado se pueden sugerir cuando:
El cliente está indeciso para elegir, y hace notar que solo un sandwich de pollo le llama la atención, el mesero le puede garantizar al cliente que le fascinará le sándwich de pollo, describiéndolo en su preparación. Si esta sugerencia vende, el tamaño de la cuenta aumenta y el cliente está más informado y feliz porque tuvo una comida planificada.

Tiempo de Sugerencias

Las sugerencias del menú deben hacerse en el momento apropiado. Por ejemplo:

- Sugerir una comida cuando el cliente todavía está indeciso sobre su opción inicial.

* Sugerir un postre cuando el cliente todavía está comiendo el plato principal. En el mostrador de servicio de la cafetería, los meseros atentos pueden sugerir artículos dispuestos en cualquier sección del mostrador.

Se debe prestar particular atención al tiempo de sugerencias de pasteles dulces cuando el cliente llega a la unidad de servicio de pastelería o de una bebida cuando el clientes se acerca a la sección de bebidas.

El mesero debe tener un conocimiento del menú del día y de las especialidades del establecimiento para poder hacer buenas sugerencias.

Las sugerencias siempre deberían ser formuladas en positivo, no en negativo. Preguntando, "¿Eso es todo?" al terminar el plato principal, un cliente contestaría, "Sí." "¿Le agradaría ordenar su postre ahora?" por otra parte, es positiva y probablemente se contestará con positivo.

Cuando se acaba un artículo elegido por el cliente, el mesero debe saber que ya no se cuenta con ese producto y entonces debe explicar con tacto el percance al cliente, y sugerir algo igual de agradable en su lugar. Primeramente, sin embargo, el mesero debe absorber la decepción del cliente por la falta del producto escogido. Expresando lamento sobre la falta de frutillas y sugiriendo deliciosas frambuesas, el mesero puede tener éxito en la venta de un sustituto y en el mantenimiento de la buena predisposición del cliente.

Los términos que un mesero utiliza para describir los términos comestibles, pueden interesar al cliente y crear un deseo del producto. Palabras como "nuevo," "verde," "fresco" y "crocante," utilizadas para describir vegetales frescos o frutas, indicando que se trata de productos cultivados, de calidad superior, resalta su atractivo. Los términos que indican la calidad o la palatabilidad como pasteles"calientes", melón "congelado" y tarta de frutillas a la "old-fashioned" crean una impresión mental de delicadeza, que ayuda a vender el producto.

El éxito de las ventas sugestivas depende en gran número del interés que el mesero exhiba al hacer la sugerencia al cliente, y del sincero entusiasmo que expresa en relación a la calidad del producto mencionado.

Valor de Servicio Agregado

¿Cómo se asegura que los clientes que vienen por primera vez se vuelvan habitúes? La respuesta es simple: ofreciendo un servicio excepcional. Hay ciertos comportamientos que los meseros deberían adoptar para poder brindar un servicio de excelencia, luego hay comportamientos que transforman un servicio adecuado en un servicio de valor agregado. Muchos de los recursos de los que se valen los meseros para incrementar sus propinas también le permiten a usted incrementar sus ventas y ganancias. Aliente a sus meseros a seguir las siguientes prácticas:

Haga Recomendaciones

Si, por ejemplo, un cliente no puede decidirse por una entrada o un vino, asegúrese que sus clientes recomienden. Por ejemplo, un mesero podría decir, "probé el halibut especial y estuvo fabuloso!" Sugerir tiene mucho de intuitivo. Enseñe a sus meseros a buscar pistas sobre el tipo de experiencia de servicio que quiere vivir el cliente. ¿Se trata de una ocasión especial? De ser así, los clientes suelen pedir entradas y postres. ¿Parecen midiendo el presupuesto? Entonces sugiera una entrada económica – o de un precio bajo. Recuerde, estas son sugerencias; no permita que los meseros se vuelvan molestos.

Recuerde lo que le Agrada y Desagrada al Cliente

A todo el mundo le gusta ser recordado. Si usted tiene clientes regulares, aliente a sus meseros a aprender sus gustos y desagrados. Por ejemplo, si una pareja viene y siempre suele pedir el mismo vino, téngalo preparado la próxima vez que lleguen. Esto es garantía de encanto. Es probable que si ellos habían decidido otra cosa para ese día, terminen tomando "lo usual" porque aprecian que se hayan percatado en sus gustos.

Sea Voluntarioso

Si un cliente ordena un bife sin salsa, diga "¡No hay problema!" Si el cliente quiere arroz en lugar de papas, haga el cambio sin protestar, chequeando previamente con la cocina o con el gerente. Permita que sus empleados decidan lo que están en condiciones de ofrecer sin necesidad de preguntar a nadie. Esta actitud de dejar decidir se refleja positivamente en el mesero y en usted ¡Ya que los meseros no deberán preguntarle todo a usted!

Vaya Más Allá del Llamado de Servicio

Convierta la experiencia de cenar en su restaurante en algo

inolvidable. Llame a un taxi para su cliente y ofrezca una bebida sin cargo si el auto se demora. Si llueve, haga que alguien acompañe al cliente al taxi bajo un paraguas.

Sugiera alternativas

Si la cocina no tiene más cantidad de un producto determinado, o si las restricciones de dieta no permiten ordenar un plato en especial, los meseros deberían ofrecer alternativas. Si, por ejemplo hay un lácteo en el puré de papas y el cliente presenta intolerancia a la lactosa, el mesero puede sugerir "Nuestras papas rostizadas son preparadas con aceite de oliva; ¿tal vez le agradaría sustituirlas?"

Clientes solos

A menudo a los clientes solos les incomoda comer afuera. Desafortunadamente, los meseros pueden aumentar esa falta de confort ignorándolos. Asegúrese que sus meseros estén pendientes de ellos. La gente que come sola sin embargo, es gente de negocios que utiliza la cuenta corporativa, por lo tanto el porcentaje de ventas y de propinas es elevado. Si al cliente parece gustarle estar solo, se sienta solo en una región del salón distante del resto. Si el cliente parece dispuesto a hablar, charle por un momento. También puede ofrecer material de lectura para gente sola si usted cree que hace sentir al clientes más cómodo. Cuente con material de lectura asegúrese que todo el personal lo pueda proveer educadamente.

Reforzar la elección de un cliente

Un pareja decide ordenar una botella de Merlot y estan mirando entre los vinos A y B. Complemente su decisión. Cuando el cliente emite la orden, hágalo sentir bien con ella. Cuénteles que "su bife parece excelente hoy" o que "el salmón fue traído hoy". ¡No les diga que el cerdo es una opción mejor que los bifes! Aliente las elecciones de comidas de sus clientes. El simple acto de su parte de decir que ha degustado lo que están ordenando y que sabe delicioso, puede eliminar la ansiedad que sobrevino en el momento de la elección.

Haga recomendaciones personales

Dígale a los clientes lo que le agrada. Esto no es venta sugestiva porque es sincera y por lo tanto no aliena a sus clientes. Su entusiasmo será contagioso, aunque los clientes no ordenen lo que usted sugirió. No les molestará que a usted le agrade lo que se incluye en el menú.

Traiga servilletas extras

Si el cliente ordena una comida complicada, como costillas barbacoa o langosta en salsa de manteca, traiga servilletas extras antes de que se las soliciten. También se deben proveer servilletas extras cuando se come con niños.

Anticipe las necesidades

Traer al cliente algo antes de que se lo indiquen es una excelente manera de ganarse al cliente. Algunos meseros parecerían tener un sexto sentido con este tema. Si usted sabe que una marca de whisky Scotch es muy fuerte, por ejemplo, tráigale al cliente un vaso de agua con el trago solicitado. Si usted está sirviendo porotos colorados y arroz, también deje en la mesa la salsa Tabasco.

Rellenos de café

Asegúrese que sus clientes reciban segundas rondas de café, pero también observe que sus meseros pregunten antes de servir. Al cliente le puede molestar que se le toque la taza de café sin su autorización. Si una taza queda por la mitad por mucho tiempo, reemplácela por una nueva en lugar de mezclar el café frío con el nuevo.

"Sobras Para el Perro"

Tómese un momento extra con las sobras de perro. En vez de guardar las sobras en presencia del cliente, rellene los contenedores en la cocina. Agregue algo extra, quizás algunos trozos de pan o más salsa. . Para obtener recursos sobre recipientes para sobras, chequee con la compañía papelera local. También se pueden encontrar bolsas para sobras online en McNairn Packaging: www. mcnairnpackaging.com.

Mire las Mesas

Aunque un mesero esté atendiendo en otra mesa, el o ella debería tener un ojo puesto en las mesas. Si ellos ven un cliente mirando hacia los costados, pare de inmediato y pregunte si hay algo que pueda alcanzarle.

Acceso para Discapacitados

Asegúrese que su restaurante sea accesible para gente con discapacidades. Si hay escalones, considere colocar una rampa en la puerta de entrada. También tenga una mesa o varias, con espacio suficiente como para que quepa una silla de ruedas. Si un ciego viene a cenar, pregúntele si se le puede ofrecer a su perro lazarillo algo para tomar o comer.

Clientes mayores

Otra forma de ofrecer un servicio con valor agregado es tener arreglos especiales para clientes mayores de edad. Asegúrese que los meseros estén atentos a los componentes nutricionales de las comidas. Siente a los clientes mayores en áreas con buena iluminación para que puedan leer el menú. Además, es difícil para las personas mayores entrar y salir de sus sillas, entonces sería bueno tener algunas sillas con apoyabrazos para ellos. Déjeles saber que usted tuvo este gesto por ellos. Finalmente, asegúrese que los meseros respondan a los clientes mayores con paciencia y respeto. Ellos lo apreciarán ¡Y esto se reflejará en las propinas!

Agregado de Festividad

¿Hay alguien en una mesa festejando un cumpleaños? Aconseje a sus meseros sobre como hacerlos pasar una tarde festiva. Algunos restaurantes cuentan con postres especiales para cumpleaños y otras ocasiones. En otros establecimientos se le canta a la persona que cumple años. Hasta un simple globo en la mesa da un toque festivo a la velada.

Requerimientos Especiales

Los requerimientos especiales se toman por varias razones. Un cliente puede odiar el gusto del queso de cabra y pedir otro tipo de queso para su sandwich. Algunos clientes que siguen dietas estrictas o que padecen de alergias a ciertos comestibles también pueden querer otras cosas. Un restaurante que no haga grandes problemas por las sustituciones puede ganar con facilidad el corazón de los más estrictos clientes.

Ganchos para Carteras y Sacos

Si no tuviera un guardarropas, agregue ganchos para colgar abrigos o carteras o esparza percheros para colgar estos elementos.

Calculadoras

Usted puede querer tener una mini calculadora adosada a las bandejas y carpetas para el cambio. Esto les ayudará a los clientes a dividir la cuenta si son varias personas o a calcular la propina, ¡sin pensar demasiado! Si recién disfrutaron de una comida agradable, sus clientes apreciarán el esfuerzo de ser siempre tenidos en cuenta.

Clientes de Negocios

Deje que sus empleados cubran las necesidades de los clientes de negocios. Ofrézcales un servicio rápido. También pueden ofrecerse a estos clientes servicios adicionales, como el copiado, el uso del teléfono y blocks de papel y lapiceras para tomar nota.

Paragüas para Cuando Llueve

¿Es posible que, dado al registro climático de su área, sus invitados lleguen sin paragüas, y finalmente encuentren que está lloviendo al salir? Ofrézcales paragüas para que lleguen secos a sus autos u oficinas. Este podría ser un gran incentivo para hacer que vuelvan para devolver el paragüas. Coloque su nombre y logo en el paragüas, ¡Entonces no será del todo negativo si nunca más lo devuelven!

Dueño o Gerente en el Piso

A las personas les gusta conocer quien está a cargo de un lugar; aprecian que alguien importante se ocupe de ellos.

Dirección de Fax a los Clientes

Tenga un mapa grande y claro siempre a mano, y cuando sus clientes pidan indicaciones sobre como llegar a su restaurante, ofrézcales faxearselas. Si no tuvieran fax, asegúrese de explicar clara y detalladamente la dirección por teléfono. También coloque la dirección en su página web (¿No tiene página web? ¡Tenga una hoy! Vaya a www.gizwebs.com.)

Cámara de la Casa

Si los clientes están celebrando pero olvidaron la cámara, tenga una cámara instantánea a mano y saque un par de fotos para que los clientes se puedan llevar a sus casas.

No Piense en la Propina

Focalice su energía en atender bien a los clientes, de hacerlos felices, a través de estas pequeñas cosas, y en general hacerlos pasar una velada de la mejor manera posible. Es esta la cuestión para obtener propinas generosas.

Comunique a los Cocineros las Buenas Noticias

Así como necesita ser ameno con los clientes, también séalo con el personal de cocina. Los cocineros no solo quieren escuchar cuando se equivocan; transmítales las buenas noticias y ellos le facilitarán la tarea de atender bien a los clientes.

Perciba los Cambios

Es un detalle ínfimo, pero si su cliente mueve la copa y/o la platería al otro lado de su plato, sirva las bebidas desde allí; el lo valorará.

Haga que sus movimientos sean invisibles

Eso significa moverse a la velocidad de la habitación. Un buen servicio es invisible: las comidas y bebidas llegan sin pensarlo el cliente. Si la habitación es tranquila, no haga ruidos. Si es más bulliciosa, muévase un poco más rápido. Usted se irá sintiendo en sintonía con el ambiente y esto incrementará el disfrute de su cliente—y esta es una excelente manera de estar focalizado en su tarea.

Hable

Cuéntele a los clientes sobre eventos específicos en su restaurante e invítelos a que regresen. Esta es una oportunidad de construir relaciones interpersonales. Por ejemplo, invite a los clientes a volver por sus costillas especiales de los martes.

Eso resulta mucho más efectivo que decir, "¡Gracias, vuelva otra vez!" Mientras se pueda, invite a los clientes a sentarse en su estación. Esto le dará mayores posibilidades de recordar sus nombres y sus preferencias.

Capítulo 8

Cuidado de los Niños

Cada vez más y más dueños de restaurantes se dan cuenta de la importancia de llegar también a los niños. La opinión de los niños es de gran incidencia en la elección del lugar donde comerá la familia. En una encuesta reciente, más del 55 por ciento de los adultos dijo que sus niños ejercían una gran influencia a la hora de decidir donde comer. Más del 47 por ciento de los adultos dijo que los niños eran quienes elegían el restaurante. Para ganar la lealtad de los niños y sus familias como clientes, usted debe crear un ambiente alegra y familiar. Sus meseros y usted tienen un rol muy importante en la concreción de este ambiente. Brinde a sus meseros herramientas para que puedan lograr este objetivo. Aquí hay algunas sugerencias:

Mantenga a los Niños Ocupados

Tener crayones o juegos a mano para mantener a los niños ocupados hasta que se sirva la comida. Dos compañías donde usted puede encontrar crayones, juegos didácticos y juegos de mesa:

- Binney & Smith, Inc: www.binney-smith.com
- Sherman Specialty Co., Inc: www.shermanspecialty.com

Además de la utilización de crayones, su restaurante puede ofrecer pequeños juguetes o libros de entretenimiento. Pero si usted está pensando en lanzar juguetes con pequeñas promociones o menúes infantiles, no ofrezca naderías; los niños son listos y conocen la diferencia.

Permita que los Niños Vean la Preparación de la Comida

Si tiene una cocina abierta, ofrezca mini pizzas y permita que los niños conozcan las especificaciones. O lleve a la mesa auxiliar postres y ofrezca distintos gusto de helado o crema batida. Las bebidas también pueden ser preparadas en la mesa auxiliar con agregado de entretenimiento ofrecido por sus meseros.

Servicio Veloz

Asegúrese que los miembros de su personal de meseros entreguen las bebidas y algo para masticar tan pronto como sea posible, si pareciera que la orden sale con demoras. Si bien sus meseros no son cuidadores de bebés, ellos pueden ayudar a los padres a que disfruten de su comida facilitando entretenimiento, lo que será altamente apreciado por los padres.

Prestar debida atención a los niños también ayuda a los otros clientes, ¡porque un chico ocupado no anda gritando desenfrenado! Si un mesero tuviese una mala actitud hacia un niño, los padres y los niños no disfrutarán de su comida y— principalmente—¡no volverán! Pero, si usted enseña a sus meseros a tratar a los niños como seres humanos y no como cosas con las que hay que lidiar, usted seguramente atraerá a muchas familias a su negocio. Por ejemplo, asegúrese que sus clientes sepan del menú infantil y ofrezca un pequeño trato, como por ejemplo un globo hacia el final de la comida.

Comidas para Niños y Menúes

Asegúrese que su menú cuente con una sección infantil o cree un menú aparte para niños. Puede ser simple y contener solo tres o cuatro cosas. Asegúrese que sea sencillo y amenos con términos como queso gratinado o macaroni y queso.

Las entradas también hacen grandiosas a las comidas infantiles. Los niños a menudo no suelen tener mucho apetito, su atención es mínima y si algo luce bien, ellos seguramente querrán probarlo. Allí es donde entra a jugar el ser atractivos. Un plato pequeño como entrada, decorado por cortes de vegetales con figuras originales en forma de animales, llamará la atención de los niños—así como también lo harán las bebidas y los postres divertidos. Disfrace nutrición con diversión: snacks, postres y bebidas servidas en contenedores graciosos o con formas y tamaños divertidos.

Los padres apreciarán sus esfuerzos de enseñarles a los niños una forma sana de alimentación. Los snacks simples, como los bastones de vegatales (snacks crocantes, sanos y al horno) con una pequeña cantidad de algún aderezo tradicional o ketchup y una bebida especial servida en contenedores divertidos con un sorbete "alocado" son ítems para mantener a los niños entretenidos.

Haga Sentir Especiales a los Pequeños

Por ejemplo, ofrezca objetos divertidos a los niños, sirviendo cerezas extras, paragüas para las bebidas y removedores de hielo ondulados. Y no olvide colocar nombres atrapantes. Haga una tormenta de ideas con su personal para encontrar la forma de entretener a los niños mientras que también se entretienen sus padres.

Capítulo 9

Tareas de Trabajo Paralelo de los Meseros

Las tareas que desempeña el personal de meseros no vinculadas al servicio de la comida propiamente dicho son comúnmente llamadas "trabajo paralelo." Este trabajo toma un tiempo considerable y es programado para que a cada persona se le asignen ciertas tareas. El trabajo paralelo se lleva a cabo generalmente en períodos de distensión, antes o después de las horas de servicio.

1. Las azucareras deben mantenerse limpias y libres de manchas: ser vaciadas, lavadas, cuidadosamente secadas

y rellenadas tanto como sea necesario. Se debe poner atención en mantener al azúcar libre de partículas y otros materiales externos. Si se tratara de un contenedor de azúcar a rosca, la parte superior que de la rosca debe ser ajustada para asegurarla firmemente y el vertedor debe ser examinado para ver que esté limpio y el azúcar pueda correr libremente.

2. Los saleros y pimenteros deben ser lavados con un cepillo de botella. Un trozo de cable o un palillo dental pueden ser usados para desobstruir los orificios bloqueados antes de empezar a lavarlos. Los saleros y pimenteros no deben volver a llenarse hasta que no se encuentren perfectamente secos. Una caja vacía de sal con vertedor puede ser llenada con pimienta para rellenar los pimenteros. Existe un gran invento para rellenar saleros y pimenteros que se llama "Posi-Fill Dispenser" (" Posi-Rellenador de Recipientes") que cuesta alrededor de $ 20 y puede encontrase en www. atlantic-pub.com, o llamando al 800-541-1336 (Item PSF-03). "Posi-Fill Dispenser," 3.

3. Las jarras de jarabe, aceiteras y vinagreras deben siempre estar limpios. La parte exterior debe ser repasada cuidadosamente con un paño húmedo después de rellenarlos para quitar pegotes en caso de que hubiera.

4. Las botellas de condimento deben ser limpiadas con un paño húmedo. La parte superior e

interior de la tapa puede ser limpiada con una servilleta de papel para quitar las sustancias pegajosas. Los recipientes para la mostaza y los jarros para condimentos deben ser vaciados y lavados frecuentemente. Para servir deben ser provistas espátulas limpias.

5. Las servilletas deben ser plegadas cuidadosamente de acuerdo al estilo del restaurante, con los dobleces rectos y los bordes también.

6. Los menúes deben ser siempre repuestos por otros nuevos si se ajan o rompen.

7. Las flores deben ser puestas en contenedores de un adecuado color, tamaño y forma donde se luzcan sin encimarse.

8. Al arreglar las flores, primero remueva lo marchito y las hojas. Corte los estemas con la tijera. Utilice agua fría para llenar los jarrones. Cuidadosamente seque la parte externa del jarrón antes de posarlo sobre la mesa.

9. Las cremeras individuales deben ser lavadas y minuciosamente aireadas antes de ser rellenadas con crema.

10. Un contenedor con un vertedor angosto puede usarse para rellenar si no hay cremeras disponibles. Se debe prestar especial atención a no rellenar las cremeras por demás.

11. Los ceniceros deben ser recolectados y lavados con frecuencia. Con un pequeño cepillo se pueden refregar las cenizas adheridas. (De ser posible, los ceniceros deberían lavarse separados de los otros platos para evitar que las

cenizas se adhieran a ellos).

12 Los ceniceros deben vaciarse con frecuencia, especialmente en el momento del servicio; un nuevo cenicero debe ser provisto cada vez que arriba un nuevo cliente y se sienta a la mesa.

13. Las bandejas para servir deberán mantenerse limpias y secas, tanto para mantener en condiciones el uniforme del mesero como así también a la superficie de la mesa. La parte superior de la bandeja debe ser limpiada antes de cargarse para evitar que la parte inferior de los platos se manche.

14. Los cubitos o el hielo picado deben estar limpios y libres de materiales extraños; los cubitos deben ser manipulados con pinzas y el hielo picado con un cucharón especial o con una cuchara de servir.

15. Antes de tocar manteca, debe lavarse las manos minuciosamente. El pan de manteca se debe colocar en la máquina de manera tal que se deslice por completo sin desperdicios. El medida de la máquina se debe ajustar adecuadamente para poder obtener el número correcto de piezas de manteca. Un equipo congelador y una barra de hielo deberían estar disponibles para la manteca una vez que fue cortada. Las formas incorrectas en las que se pudiera haber cortado la manteca deben guardarse para su uso en la cocina.

16. Se deberían limpiar los restos de migas de las sillas cuando el cliente deja la mesa y antes que tome asiento otro cliente. Los respaldos, el asiento y las patas de las sillas deberían ser limpiadas cada día.

17. La platería debería ser limpiada según las instrucciones especiales del del restaurante.

Puesta del servicio de Café

- Asegúrese que las cafeteras, los contenedores de té helado y los termos de café estén limpios.

- Mantenga un stock de café (común y descafeinado) y filtros de café.

- Llene dos contenedores con café común y uno con descafeinado diez minutos antes de la apertura del restaurante.

- Corte los limones para el té.

- Reabastezca el azúcar, edulcorante y cremeras.

Puesta de Paneras

- Corte suficiente pan para las mesas.

- Prepare los cestos de pan o paneras (fórrelos con servilletas, y luego coloque dos o cuatro rodajas de pan en el cesto).

Manejo de quejas de clientes

Una de las tareas más difíciles para los empleados del restaurante es recibir las quejas de los clientes y realizar los ajustes necesarios. Cuando las quejas son manejadas adecuadamente, el cliente deja el restaurante con un ánimo amistoso. Las quejas de los clientes son una oportunidad de revertir una situación y convertir a un cliente más en un cliente de por vida. Las quejas mal manejadas decepcionan al cliente y lo llevan directamente hacia la competencia. Las quejas mal manejadas decepcionan al cliente y acarrean pérdida de prestigio y comentarios positivos sobre restaurante. Para enfrentar las quejas, el anfitrión debe:

1. Acercarse al cliente con ánimo cordial, no permitiendo que este se ponga a la defensiva.

2. Escuchar atentamente la queja y tratar de obtener la versión entera de la historia.

3. Establecer el punto central de la queja y tener la conformación del cliente de esta versión acotada.

4. Exprese su sincero arrepentimiento sobre lo ocurrido.

5. Ofrézcase a cambiar o sustituir la comida que no es de la satisfacción del cliente.

6. Cite las políticas del restaurante cuando lo considere necesario.

7. Cuando se niega un pedido especial del cliente, es necesario explicar la razón claramente y con tacto.

8. Cuando es el restaurante el que incurre en falta, discúlpese y prometa que un esfuerzo será hecho para evitar que la situación se repita.

9. Agradézcale al cliente por elevar la queja, diciendo, "Estoy contento que me lo haya hecho saber", o "Gracias por traer esto a mi atención".

10. Cuando el cliente vuelva, vea que el servicio se lleve a cabo sin fallas y que el cliente ya no tenga motivos para quejarse.

11. Eleve las quejas difíciles o irracionales al gerente para obtener una solución favorable.

12. Reporte las quejas serias y aquellas que involucren a la política del negocio y a la gerencia.

Manejo de Clientes Difíciles

Algunos clientes son difíciles de tratar debido a sus actitudes o necesidades especiales; ellos deben ser tratados con inteligencia, tacto y buen juicio. Los diferentes tipos requieren diferentes métodos de tratamiento. Aquí hay algunos ejemplos:

- **El cliente adelantado.** Recíbalo con cortesía y explíquele cuando comienza el servicio. Ofrézcale un asiento confortable, posiblemente en la entrada, y acérquele un diario o revista.

- **El cliente atrasado.** Hágalo sentir bienvenido. Si la selección de comida es limitada, explíquele que ya casi se acerca la hora del cierre. Procure brindarle un buen servicio sin hacerlo sentir que está siendo apurado.

- **El cliente apurado.** Recomiende el servicio de mostrador en caso de que esté disponible. Infórmele de antemano cuanto demorará el servicio aproximadamente. Bríndele el mejor servicio a pesar de las circunstancias

- **El cliente que abusa de su confianza.** Sea cortes pero amable con él. Evite las conversaciones prolongadas. Aléjese de la mesa cuando no sean necesarios sus servicios en ella.

- **El cliente quejoso.** Salúdelo amablemente y vea que el mesero lo trate con cortesía. No discuta con él. Escuche sus quejas con atención, pero no lo aliente a seguir. No se moleste por las quejas irracionales.

- **El cliente enojado.** Escúchelo, exprese su pesar por el acontecimiento que causó su queja, agradézcale por haber llamado su atención y trate de enmendar el error.

- **El cliente que hace problemas por todo.** Sea cortes y no se deje llevar por sus argumentos. Tampoco participe con quejas hacia la gerencia, ni asevere nada que pueda ser tomado como quejas sobre el restaurante. Advierta a quien esté sirviendo a este tipo de cliente para que evite contradecirlo.

- **El cliente cansado.** Ubíquelo en una mesa tranquila. Ayúdelo con sus pertenencias. Si el tiempo está frío, sugiérale una sopa caliente, una bebida caliente y algo particularmente liviano como entrada. En un día de calor, sugiérale una ensalada refrescante o una bebida helada y alguna comida fría.

Recuerde las Reglas de Oro

1. **El cliente siempre tiene la razón.** Asegúrese que esto se grabe en la mente de sus meseros. El cliente es el que paga la cuenta, y como empleados y gerentes del restaurante, depende de nosotros ofrecer una experiencia positiva en servicio.

2. **Discúlpese.** Antes de hacer cualquier otra cosa, ofrezca una disculpa sincera y muestre disposición para solucionar el problema.

3. **Responda ante un problema con rapidez.** Respondiendo a un problema de inmediato, usted evita que éste se transforme en crisis. Si sale una orden equivocada de la cocina, enmiende el problema de inmediato; no deje al cliente esperando el plato correcto.

4. **Asegúrese de escuchar las quejas de sus clientes.** Demuestre al cliente que usted está preocupado y sincérese al ofrecer una respuesta. Haga algo para demostrar que el problema del clientes es importante para usted.

5. **Existen muchas maneras de enmendar errores.** Omitir cobrar algo de la cuenta u ofrecer un postre gratis o una ronda de tragos son algunos métodos populares. Si se vuelca algo sobre un cliente, usted debería ofrecerse a pagar la cuenta de la tintorería. Podría además otorgarle al cliente un certificado de regalo para su próxima comida o enviar flores a su lugar de trabajo o residencia. Consulte con su gerente las formas de compensar a un cliente insatisfecho.

6. **Agradezca al cliente el haber elevado la queja,** diciendo, "Estoy contento que me lo haya dicho" o "Gracias por traer mi atención a esto".

7. **Cuando el cliente retorne en otra oportunidad al restaurante,** observe que el servicio no tenga falencias y que el cliente no tenga más motivos para quejarse.

8. **Dirija las quejas difíciles o irracionales** al gerente para su tratamiento.

9. **Reporte las quejas serias** y aquellas que involucran las políticas del negocio y regulaciones de la gerencia.

10. **Si un cliente llama con una queja, no lo deje esperando en línea.** Anote su nombre, dirección y número de teléfono, y responda a la queja con un tono suave y cortés. Pida disculpas por el problema y ofrezca una solución.

Manejo de Problemas

Desafortunadamente, en ciertas ocasiones las cosas no salen bien y un cliente tiene un problema o se convierte en uno. Los siguientes son algunos problemas que pueden surgir y la forma de manejarlos.

El cliente ebrio

El consumo excesivo de alcohol debe ser controlado en el salón por el bien de los otros clientes y por las formas legales del restaurante y por usted mismo. Cuando un cliente tomó por demás, es difícil razonar con el o ella y el cliente se puede enfadar o pelear muy rápidamente. No haga nada que lo lleve a pensar al cliente que está siendo confrontado.

• Trate de hacer ver al cliente que usted está de su lado. Dígales a los clientes que usted está preocupado por su regreso a casa y que le gustaría salvaguardar su integridad física.

- Trate de hacer que el cliente coma algo. Esta es una buena manera de ayudar a metabolizar el alcohol presente en el organismo del individuo. Si el cliente se niega a hacer un pedido, trate de que el o ella coma algo en la casa.

- Si un cliente se niega a comer y deja el restaurante ebrio, el restaurante tiene la obligación legal de llamar a la policía. Deje que el cliente sepa esto y trate de que regrese, tome asiento y coma algo.

- Si el cliente está acompañado, tendría más sentido tratar de razonar con el acompañante en lugar de con el intoxicado.

- Asegúrese de elevar un reporte a su gerente en relación al incidente.

- Si se sintiera incómodo al tratar al alcohólico o la situación se tornara más crítica, asegúrese que su gerente esté involucrado.

La Mesa Ruidosa

Las mesas en las que hace mucho ruido pueden llegar a ser muy molestas para los demás. El nivel aceptable de ruido es determinado en parte por el tipo de establecimiento—la gente hará mucho más ruido en un bar deportivo que en un restaurante de lujo. Si usted tuviera una mesa que se le escape de control, usted debe alertar a los clientes de esa mesa sobre la situación. Notifique al gerente o anfitrión de la situación y ellos hablarán con quien dirige el grupo y les pedirá un poco de orden. Si el cliente se niega a cooperar, se le tendrá que pedir que se retire.

Teléfonos Celulares y Pagers

Los teléfonos celulares y pagers son de suma utilidad. La mayoría de la gente no apaga estos aparatos para comer y atiende a los llamados a la brevedad.

La mayoría de las veces estas llamadas a celulares no molestan a los demás. Sin embargo, si el salón comedor está en orden y este comportamiento molesta a las demás personas, usted debería pedirle a quien provoque la molestia que tome la llamada en el lounge o el lobby.

Mascotas

La única mascota que la mayoría de los departamentos de salud admiten son los perros lazarillos. Si el restaurante posee un patio externo, sin embargo, se permiten las mascotas allí. Si alguna persona trata de traer una mascota que no sea para asistencia, dígale que no están permitidos los animales en el restaurante, y muestre al dueño donde puede permanecer el animal mientras que el/ella disfruta de su comida. Algunos restaurantes también proveen recipientes con agua y tienen bizcochos para esas situaciones—esta puede ser una buena manera de mantener a su cliente, dueño de una mascota, feliz!

El cliente famoso

La gente famosa y las personalidades reconocidas a menudo quieren comer con tranquilidad y no ser molestados por alguien que quiera un autógrafo o alguien que quiera comenzar una conversación. Para facilitarles esta experiencia, el anfitrión debe ubicar al cliente en una mesa fuera del camino de las mesas y asignarle a esa mesa un mesero experimentado que no se vea "hipnotizado" por el cliente.

Accidentes

Los accidentes, grandes y pequeños, tienen posibilidad de ocurrir en su turno. Si ocurre un pequeño accidente, como un derrame de líquido, se puede hallar un rápida solución. Si usted o un cliente derrama algo sobre la mesa, rápidamente mueva todos los objetos en ella hacia el otro lado, coloque una servilleta seca y limpia sobre el derrame y coloque nuevamente los elementos en sus posiciones originales. Si algo se derramara sobre el cliente, usted debería ayudar al cliente a remover la mancha y pedir disculpas. Si correspondiera, usted también debería ofrecerse a pagar los gastos de limpieza de la prenda ya que fue un empleado de su restaurante el que ocasionó el derrame.

Si ocurriese un accidente más serio, de inmediato notifíquelo a su gerente. Su gerente puede determinar si el cuidado médico es necesario. No importa de que clase de accidente se trate, la primer cosa que usted debe hacer es encargarse del cliente. Después de eso asegúrese de seguir cualquier política impuesta por su restaurante relacionada con el registro de accidentes.

Asegúrese de colocar en el registro el nombre del cliente, su nombre, la fecha y hora, y una completa descripción del accidente.

Envenenamiento

Cada gerente de restaurante teme pensar en una llamada en la que se le informe que un cliente sufrió un envenenamiento. Cada restaurante debe desarrollar un plan para manejar esta situación. Chequee con su gerente y asegúrese de saber lo que tiene que hacer si ocurre.

Si un cliente llama quejándose de haber sufrido un envenenamiento, no se ponga a la defensiva. Asegúrese de ser simpático con el cliente, expresando solidaridad por el hecho de su enfermedad. Registre todos los puntos que el restaurante necesitará cubrir para investigar la situación y presente esta información al gerente de inmediato.

Capítulo 10

Conocimiento del Menú

$\mathcal{L}$os meseros necesitan tener un conocimiento sobre el menú para poder así responder a las diversas preguntas de los clientes. Para hacer una elección satisfactoria, el cliente necesita información sobre las comidas disponibles. Experimentar la habilidad para anticipar sus deseos le permitirá al mesero saber cuanta información el o ella debería dar a un cliente.

Muchas preguntas de clientes se refieren a los distintos tipos de productos utilizados por los restaurantes. Los empleados necesitan estar informados sobre la clase, grado y fuente de estos productos comestibles. Los clientes pueden efectuar preguntas como:

- ¿Son las arvejas frescas o congeladas?

- ¿Este es un espárrago de la zona?

- ¿Son los cantalopes de California?

- ¿La mayonesa está hecha con aceite de oliva?

- ¿El salmón es fresco o congelado?

- ¿Está endulzado el jugo de uvas?

- ¿El jugo de uvas es de Texas o de Florida?

Estas y muchas otras preguntas acerca de la comida se formulan a menudo a los meseros. A pesar de no ser posible anticiparse a todas las preguntas que los clientes puedan hacer sobre las comidas, algunas preguntas son muy comunes y por lo tanto pueden pronosticarse.

Es importante que los meseros cuenten con esta información en la punta de sus lenguas para poder contestar la mayor cantidad de preguntas posibles. Los meseros no deberían hacer esperar al cliente hasta preguntarle a alguien, a menos que no sea necesaria la información para efectuar la orden. No se debería brindar información falaz ni inexacta, ya que eso le jugaría en contra tanto al negocio como al empleado

Terminología de Cocina y Métodos de Preparación

*L*os clientes también harán preguntas sobre como un ítem es preparado, para esto los meseros deben dominar también esta información.

El cliente frecuentemente quiere información sobre como un plato está preparado. Los meseros deberían estar informados con respecto a la preparación de los platos que sirve para poder dar una explicación exacta e inmediata. Suponga por ejemplo:

1. El cliente desea saber como es la preparación de la carne de cangrejo imperial. El mesero puede responder que se trata de carne de cangrejo fresca, combinada con crema, alcaparras y pimienta molida, horneada en su cáscara o en una olla de barro.

2. El cliente pregunta como se prepara el "bife a la española". El mesero podría explicar que se cocina el bife al calor de las brasas y se sirve en salsa de tomate.

3. El cliente pregunta que significa el término "salsa Creole." La respuesta es que la salsa está hecha de tomates, pimientos y cebollas.

4. El cliente sigue una dieta especial y no puede comer cierta clase de comidas, es muy importante en este caso para él saber que contiene cada plato.

5. ¿Hay cebollas en la sopa? ¿Está espesada la torta con subproductos de maíz? ¿Están las papas fritadas en grasa vegetal? Estas y muchas otras preguntas similares son

muy importantes para el cliente que puede, por ejemplo, experimentar disgusto cuando come cebollas, o puede ser alérgico a los productos de maíz, o sigue una dieta baja en grasas y no puede consumir frituras.

Asegúrese que sus meseros conozcan términos de cocina básicos. Aquí debajo se presentan los términos más importantes, con los cuales debería familiarizarse:

Terminología de Cocina Básica	
Al Gratén o Gratinado	Un plato cubierto con migas de pan y queso o salsa, y luego horneado.
Horneado/ Rostizado	Cocinado en el horno, descubierto.
Enegrecido	Sazonado con especias como la pimienta rosa y cocinada sobre una fuente de calor intenso de freidora.
Cocido	Cocinado en horno, cubierto.
Coulis	Salsa de consistencia espesa tipo puré.
Fritura Profunda	La comida se sumerge en grasa líquida caliente y es cuidadosamente cocinada.
Frito	Cocinada en grasa caliente, usualmente manteca o aceite, a temperatura alta o media.
Grillado	Cocinado sobre carbón, madera o gas.
Marinado	Líquido utilizado para saborizar las comidas entes de cocinarlas, puede incluir hierbas, especias, limón, aceite o bebidas alcohólicas.

Escalfado	Cocinado dentro o sobre agua hirviendo.
Puré	Un ingrediente es mezclado hasta que alcanza una consistencia suave. Muchos aderezos de ensaladas y salsas están hechos con purés de frutas o vegetales.
Reducir	Hervir un líquido rápidamente hasta que la evaporación reduzca el volumen; este proceso intensifica el sabor. Este es un método habitual para las salsas.
Roux	Partes iguales de harina y grasa cocinadas sobre fuego intenso. Utilizado para espesar salsas; mayoritariamente en la cocina de Cajún.
Saltado	Cocinado muy rápidamente con una pequeña cantidad de grasa sobre la fuente directa de calor.
Seared	Usualmente referido a carnes significa tostado suave exponiendo al ítem a altas temperaturas.
Al Vapor	Cocinado sobre una rejilla o cesto de vapor y luego colocado sobre agua hirviendo para que largue su vapor.
Guisado	La comida es parcialmente cubierta con un líquido y cocinada lentamente en una olla con tapa.
Hervido	La comida se cocina en líquido caliente, lo suficientemente bajo para que se formen burbujas en la superficie.
Revueltos	Fritura rápida de pequeñas piezas de comida sobre una fuente constante de calor.

La duración aproximada del tiempo de cocción necesaria para la preparación de comidas sobre pedido debe ser conocida por el mesero. Un cliente que desea comer rápido debería ser advertido que lleva más de 10 minutos preparar y servir un bife. En este caso, el mesero puede ahorrar tiempo para el cliente sugiriéndole un bife de ternero de salida rápida o sugerirle que las costillitas están muy sabrosas y saldrían de inmediato.

Cuando se le informa al cliente de la espera que demanda la comida, probablemente se alegre y espere más pacientemente. A menudo suele estar abierto a sugerencias acerca del primer plato que puede saborear mientras espera que esté lista su orden principal. El mesero que esté alerta sugerirá una entrada o sopa cuando le informa al cliente el tiempo aproximado de espera antes de que salga la orden.

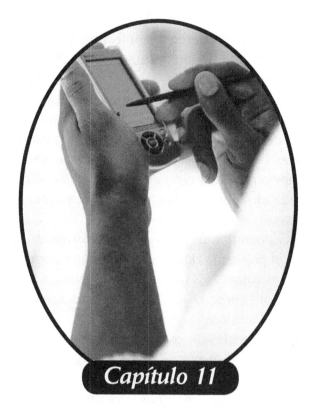

Capítulo 11

Sistema Electrónico de Órdenes

*L*a tecnología más ampliamente utilizada en la industria del servicio de comidas es la pantalla al tacto o el sistema POS (point-of-sale/punto de venta). El sistema POS está basado en una caja registradora electrónica. Los sistemas de pantalla al tacto POS se introdujeron a la industria de servicio de comidas a mediados de los 80s, y han penetrado al 90% de los restaurantes de la nación. Desde los establecimientos lujosos hasta los locales de comidas rápidas, la pantalla al tacto no requiere esfuerzo alguno. El sistema se paga a sí mismo. De acuerdo a la información publicada por la Asociación Nacional de Restaurantes, un restaurante que promedia $1,000,000 en venta de comidas y bebidas puede esperar ver ahorros de hasta $30,000 por año. Tomando en cuenta los números que arroja el sistema de POS el operador tendrá un mayor control de inventario, de las ganancias del bar, de los horarios laborales, de las horas extras, del flujo de clientes y del servicio. El entendimiento de la información brindada por el POS clarifica la visión de la línea superior, quedando fuera de la ecuación al factor aleatorio.

Un sistema POS comprende dos partes: el hardware (equipamiento) y el software (el programa de computadora que corre el sistema). Este sistema le permite a los miembros del personal ingresar las órdenes tan pronto como las dá el cliente. También hay otras funciones particulares y especificaciones disponibles, como "jugoso" "a punto" y "bien cocido" Otros sistemas les preguntan a los miembros del personal preguntas adicionales cuando se pide un ítem, por ejemplo, "¿Le gustaría manteca, crema agria o cebolla de verdeo con la papa asada?" Algunos sugieren un acompañamiento o un vino compatible.

La orden se envía por medio de cables a impresoras localizadas por todo el restaurante: en el bar, en la cocina y en la oficina. Todas las órdenes deben imprimirse antes de su preparación, asegurando de esta manera un control de la comida. Cuando el mesero haya terminado la orden, la cuenta del cliente puede imprimirse para luego ser presentada. La mayoría de los sistemas POS permiten realizar descuentos y requieren del control del manager. Los cargos de las tarjetas, el efectivo y los cheques pueden ser procesados por separado, y luego se pueden generar reportes según medios de pago. Algunos de los beneficios de la utilización del sistema POS son:

- Incrementar las ventas y aumentar la información contable.

- Rastreo de costumbres.

- Reporta las ventas y desempeño del personal de servicio.

- Reporta la actuación de los ítems en el menú.

- Reporta el uso del inventario.

- Provee una adición exacta de la cuenta de los clientes.

- Previene que se emitan órdenes de productos equivocados.

- Previene confusiones en la cocina.

- Reporta posibles robos de dinero o en el inventario.

- Registra el tiempo logrado por los meseros.

- Reporta los deterioros en las ventas del menú y pronostica menúes.

- Reduce el tiempo utilizado para caminar de la cocina al bar.

- Reduce la distancia de viaje de los meseros.

- El personal de servicio siempre puede tener a los clientes en su campo visual.

- Facilita el procesamiento de tarjetas de crédito.

- Al estar siempre presente el personal de servicio en el salón comedor, los clientes pueden atraer fácilmente la atención de estos.

Con la disminución del mercado laboral, las pantallas al tacto con sistemas POS al tacto, se volverán necesarias. Se predice que en los dos próximos años, los clientes podrán incluso enviar sus propias órdenes; las terminales se simplificarán. Durante períodos estacionales pico, ordenar comida sería como cargar gasolina; los clientes harán sus propias selecciones, luego deslizarán sus tarjetas de crédito y pagarán la cuenta.

Muchos sistemas POS han sido enormemente perfeccionados para poder incluir el despacho a domicilio, los libros de visitas, las reservas en línea, los módulos de cliente frecuente y sistemas completamente integrados con inventario en tiempo real, identificador de llamadas incorporado, contabilidad, horarios laborales, nómina de pagos, análisis de menúes, compras y recepción, manejo de caja y reportes. Las mejoras y agregados tienen una funcionalidad mejorada a través de Internet, una funcionalidad centralizada que posibilita la emisión de "alertas" a los gerentes, y tecnología POS de reconocimiento de voz.

Manejo de Dinero

Si bien mantener a los clientes felices es un aspecto importante de su trabajo, la recolección de pagos exactos es también importante— sin efectivo, ¡el restaurante no puede mantenerse en el negocio!

Sea que se utilice un sistema electrónico de órdenes o un sistema manual, uno de los elementos más importantes de este sistema es la cuenta del cliente. Toda información referida a la venta debe ser registrada en la cuenta del cliente. Las cuentas las utiliza el mesero al momento del servicio para asegurarse que sus clientes reciban todo lo que ordenaron. La gerencia utiliza las cuentas para acumular varios tipos de información, tal como cuantos cubiertos se sirvieron ese día en particular y cuantas mesas atendió un mesero en particular. Esta información le permite a la gerencia hacer ajustes según los requerimientos del personal si fuera necesario, a la vez que se vale de esta información para brindar un mejor servicio.

Su gerente o el cajero entregará la cuenta a los meseros al comienzo del turno y recogerá todas las cuentas no utilizadas al final del mismo. Un cheque perdido puede significar dos cosas: descuido o robo. Cuando usted reciba la pila de cuentas para todo su turno, asegúrese de revisarlas para asegurarse que estén todas antes de dar por comenzado el turno. Su gerente o cajero probablemente le hará firmar las cuentas, indicando que están todos presentes y que usted asume la responsabilidad por la totalidad de las cuentas entregados.

La mayoría de las cuentas tiene 3 áreas definidas: una caja para información, el cuerpo, y la factura del cliente. La caja para información contiene la fecha, número de mesa y número o nombre del mesero. También se puede incluir la cantidad de personas sentadas en la mesa, el número secuencial de cada cliente y el horario en que fue tomado la orden (el número secuencial es un sistema de control que permite a la gerencia llevar un control de ordenes). El cuerpo de una cuenta es el área donde el mesero registra las ordenes, requerimientos especiales, precios y tasas. La sección de la factura se le puede entregar al cliente para sus propios registros y generalmente incluye un área para el total gastado, el logo del restaurante e información sobre la localización.

Órdenes Escritas

Al completar las órdenes, asegúrese de escribir claro. Muchas personas necesitarán leer estas cuentas incluyendo la gerencia, el personal de cocina, el contador, el cliente, otro mesero que lo pueda llegar a ayudar y usted mismo. También cerciórese de estar utilizando las abreviaturas correctas para cada ítem. Usted debería recibir una lista de abreviaturas dentro de sus materiales de orientación.

Presentación de la Cuenta

Antes de presentar la cuenta al cliente, revísela cuidadosamente para asegurarse que el cliente no esté pagando ni de más ni de menos. Asegúrese que tanto los ítems descriptos como los precios sean los correctos. Si el cliente tuviera dudas con la cuenta, respóndalas educadamente. Asegúrese de corregir los errores rápido y con una disculpa.

Si el cliente paga con un cheque personal, usted debe seguir estos pasos:

* Verifique la fecha en el cheque.

* Verifique la cantidad por la que el cheque es emitido.

* Asegúrese que esté escrito como para que lo cobre el restaurante.

* Pida una identificación al cliente.

* Coloque sus iniciales en el cheque para que al entregárselo al cajero el o ella sepan que usted ya verificó la información.

Si el cliente paga con tarjeta de crédito y su establecimiento no utiliza el sistema de POS, siga estos pasos:

* Lleve la cuenta y la tarjeta de crédito a la caja e imprima la tarjeta sobre un formulario de cargo.

* Deslice la tarjeta por el posnet o máquina de autorización.

* Ingrese el importe.

* Aguarde el número de autorización.

- Escriba el número de autorización sobre el formulario.

- Asegúrese que la otra información se haya copiado adecuadamente.

- Complete con el total de la cuenta y la tasa.

- Lleve el formulario, la cuenta y una lapicera donde esté el cliente para obtener su firma.

- Muestre al cliente que copia del formulario es su recibo.

Si el cliente paga con tarjeta de crédito y su establecimiento utiliza el sistema POS:

- Ingrese el total de la cuenta en la máquina de autorización.

- Se imprime una tira con el número de autorización.

- Presente la tira al cliente (esta tira reemplaza al formulario manual y se utiliza para capturar la firma del cliente).

- Una vez que el cliente firma, el mesero ingresa la cantidad exacta (incluyendo propinas) al sistema de pagos. Los fondos serán transferidos electrónicamente a la cuenta del restaurante.

Recuerde, un voucher de tarjeta de crédito es dinero y si por lo tanto se extravía un voucher, el restaurante da por perdido ese ingreso. Los vouchers de las tarjetas de crédito deberían entregarse al cajero junto con el dinero en efectivo. Si usted utiliza formularios manuales y hay papel carbónico o copiativo, asegúrese de destruirlos para proteger a sus clientes contra un fraude.

Si la máquina de autorizaciones de la tarjeta de crédito declina los cargos, siga los siguientes pasos:

- Deslice la tarjeta nuevamente. Tal vez antes no la haya leído correctamente.

- Si la tarjeta es declinada también en este segundo intento, se le debe preguntar al cliente si le gustaría abonar con alguna otra forma de pago, pregunte al cliente si tiene otra tarjeta ya que la máquina solo presenta problemas para leer esa tarjeta presentada.

- Si el cliente insiste en que la tarjeta es buena, telefonee al banco emisor cuyo número se encuentra en el reverso. De esta manera usted puede permitir al cliente llamar al banco y así clarificar la situación.

Tal vez la máquina de autorizaciones de tarjetas de crédito exhibe el mensaje "llamar al emisor." Si esto ocurre, déjeselo saber al gerente.

El o ella necesitarán llamar al banco emisor. El emisor puede ordenar la retención de la tarjeta o el corte de esta por la mitad. Esto puede pasar en caso de que la tarjeta haya sido robada y la cuenta del cliente esté sumamente excedida.

Problemas

Hay posibilidad de que ocurran en su turno problemas vinculados con el dinero. En caso de que ocurrieran, es bueno saber como enfrentarlos.

Cliente Que Se Va Sin Pagar

Si observa que un cliente se retira antes de haber pagado su cuenta, recuérdele con tacto suficiente que no ha pagado; es muy posible que se haya olvidado de hacerlo. Si un cliente se va sin pagar, no siga al cliente hasta afuera para hacerlo que pague. De inmediato notifique la situación al gerente. Su gerente será el encargado de decidir si se da parte a la policía o no.

El Cliente No Puede Pagar

De inmediato notifique a su gerente. La mayoría de los establecimientos tiene una política determinada para cuando ocurre esto.

Robo

No intente ser un héroe. A menudo, los heroicos solo conducen a la agudizar la situación y alguien puede resultar herido. Mantenga la calma y recuerde detalles sobre el robo para dar a la policía una buena descripción de los hechos. Procure saber además la política que sigue su establecimiento durante y después del robo.

Tickets de Clientes y Cajero

Existen varios métodos de control de efectivo y tickets de clientes. La siguiente sección describirá un sistema de cuentas y balances para control de efectivo, tickets y comida preparada. Algunas modificaciones pueden ser necesarias para la implantación de estos controles en su restaurante. Muchas de las cajas registradoras y sistemas de POS disponibles al momento en el mercado pueden eliminar la mayoría de las tareas manuales y los cálculos.

Los sistemas descriptos en esta sección están basados en las más simples y económicas cajas registradoras disponibles. El registro debe contar con tres teclas separadas subtotales para la venta de comida, licor y vino, y una tecla grande de total para totalizar la cuenta del cliente. La tasa de ventas es luego computada sobre esa cantidad. El registro utilizado también debe calcular los totales para el turno de comida, licor y vino. Esas son las funciones básicas que la mayoría de las máquinas poseen. La cuenta de los clientes debe ser del tipo divisible, en dos partes. La primer sección es la parte de papel duro que enlista los ítems del menú. En la parte inferior hay un espacio para los subtotales, uno para el total, uno para la tasa y una factura troquelada para el cliente. La segunda sección es una copia carbónica de la primera. La copia carbónica debe darse al expedidor, quien luego la transmite a los cocineros para que comiencen el proceso de cocción. Algunos restaurantes utilizan computadoras manuales para la toma de ordenes, y/o los tickets se pueden imprimir en la cocina a la vez que ingresan al sistema POS. Se debe tener en cuenta que, el expedidor debe recibir un ticket para empezar a trabajar.

Los tickets deben tener números de identificación individual consecutivos impresos en ambos lados y una factura troquelada. También deben tener un espacio para el nombre del mesero, la fecha, el número de mesa y la cantidad de personas sentadas en esa mesa. Esta información será utilizada por el expedidor y por el tenedor de libros para rastrear tickets viejo perdidos y/o ítems comestibles. A cada miembro del personal de servicio se le asigna un cierto número de tickets por turno. Estos tickets tienen una secuencia numerada.

Por ejemplo, a un mesero le pueden dar 25 tickets del 007575 al 007600. Al final del turno, el debe devolver al cajero la misma cantidad total de tickets. Ningún ticket debería perderse nunca; esa tarea es responsabilidad del personal de servicio. Si hubiera un error en el ticket, el cajero debe invalidarlo en ambas partes. Este ticket debe retornarse con los otros luego de ser aprobado y firmado por el gerente. El gerente facilita tickets a cada mesero y mesera. Bajo ciertas circunstancias, el gerente puede aprobar la salida de comida del menú sin cargo. El gerente también debe aprobar el descarte de comida ya no apta para consumo. Un ticket debe ser escrito para registrar todas esas transacciones. Aquí abajo se presentan algunas de esas situaciones:

Comida del Gerente	Toda la comida es libre para gerentes, dueños y personal jerárquico de la compañía.

Comida de Obsequio	Toda la comida que se da a modo de obsequien el restaurante. Esta categoría también incluye campañas promocionales.
Comida de la Casa	Comida no apta para ser servida, manchada, quemada o proveniente de una orden equivocada.

Todos esos tickets deberían completarse del modo habitual, colocando los ítems con sus respectivos precios. El cajero no debe rendir esos tickets, pero sí registrarlos en el formulario de reporte de caja. Escriba la palabra "gerente," "obsequio" o "de la casa" en el borde superior del ticket.

El gerente le facilita al cajero un cajón con efectivo o "banco". El cajón es preparado por el tenedor de libros. Adentro del cajón se encuentra el Reporte de Caja con descripción del dinero que contiene.

La exactitud del Reporte de Caja es tanto responsabilidad del cajero como del gerente. Luego de recibir el cajón, el cajero debe contar el dinero que hay dentro del cajón en presencia del gerente para que éste observe su contenido. Después de la verificación, el cajero queda como responsable de la caja registradora. El cajero debe ser el único empleado que tiene permitido operar con la registradora.

Cada miembro del personal de servicio debe traer el ticket de su cliente para la totalización. El cajero debe examinar el ticket para verificar que:

• Se hayan cargado todos los ítems.

• Todos los ítems tengan precio.

• Se incluyan los vinos y artículos de bar.

• Los totales y los subtotales sean correctos.

- La tasa de ventas esté correctamente calculada.

El cajero es el responsable de completar los formularios de las tarjetas de cargos y de asegurar su exactitud. El cajero reintegra la tarjeta de cargos del cliente y la factura al miembro adecuado del personal de servicio.
Al final de cada turno, el cajero debe reintegrar el efectivo al gerente.

Liste todo el efectivo en la columna de "Caja". Ingrese las distintas categorías de ventas. No incluya las tasas de venta. Ingrese todo consumo: de la casa, de obsequio y de gerencia. Detalle todos los cheques atrás. Detalle para cada ítem la cuenta total de ventas y la cuenta total de comidas. Descomponga e ingrese todas las ventas cargadas.

La cantidad total de efectivo tomada más el cargo de ventas deben igualar el total itemizado de los tickets de ventas. Itemice todos los cheques al reverso del Reporte del Cajero y selle "PARA DEPÓSITO SOLAMENTE"; el sello debería incluir el nombre del banco del restaurante y el número de cuenta.

Si un cliente carga una propina, usted puede darle al mesero o mesera un "pago de caja" de la registradora. Cuando el pago ingresa, usted puede entonces depositar la cantidad total en su cuenta. Varias veces puede haber pagos de caja para la compra de aquellos ítems que necesitan ser comprados dentro del turno. Confeccione una lista de los pagos de caja al reverso de la hoja y abroche las facturas a la hoja.

Cuando todo se hubo chequeado y equilibrado, la hoja debe ser firmada por el cajero y por el gerente. El gerente debe entonces depositar todos los tickets, registrar las cintas, y encargarse del efectivo, los cargos y los formularios para dejarle todo en orden al tenedor de libros la mañana siguiente. El efectivo en mano debe igualar la lectura del registro de facturas.

Llevando Órdenes a la Cocina

En muchos restaurantes, el mesero toma la orden a mano en la mesa y va donde está el cajero, el área de servicios o cualquier otro lugar conveniente para ingresar la información a la computadora. Luego, dependiendo del grado de sofisticación del sistema, la orden llega a los cocineros por medio de un sistema de computadora o el mesero alcanza con sus propias manos la orden a la cocina. La orden se coloca luego en una rueda o rejilla. La mayoría de los checks tienen múltiples capas y áreas de escritura; entrene a sus meseros sobre como escribir de manera apropiada una cuenta para su cocina. Por ejemplo, la cuenta puede tener una copia dura y una capa de carbónico encima, dividida en dos áreas por una perforación. Su mesero conserva la copia dura, escribe la orden de entrada en la sección grande de la hoja perforada y la orden de los aperitivos en el área pequeña. Cuando la cuenta del cliente va hacia atrás, el cocinero de línea y el cocinero de aperitivos dividen la hoja. Para ordenes de procesamiento sin partición, pruebe las siguientes sugerencias:

Órdenes con Abreviaturas

Aunque usted esté utilizando un servicio computarizado, sus empleados pueden todavía tomar las ordenes por escrito. Si usted está utilizando un sistema completamente computarizado, los ítems del menú deberán estar abreviados. Asegúrese que sus meseros los memoricen, y que si escriben con letra cursiva las ordenes para los cocineros, la hagan legible.

Ejemplos de Abreviaturas

Aquí hay una lista de algunas abreviaturas que usted puede utilizar para escribir los ítems del menú. Si usted desarrolla su propio sistema, tenga cuidado de no repetir o de hacer a las abreviaturas muy similares:

Spag & mt	Spaghetti y Albóndigas
Fett	Fettuccine Alfredo
Bif c/hon	Bife Hoagie con salsa de hongos
Poll parm	Pollo Parmigiana
Saltada BC	Enasalada saltada con aderezo de queso azul
Q man	Queso manicotti
Hamburguesa c Lec/ tom/ceb	Hamburguesa, con lechuga, tomate y cebolla

Control de la cuenta del cliente

Siempre debería usted tomar medidas de control con la cuenta de los clientes. Esto ayuda a evitar que los empleados regalen comida y tragos. Haga hincapié en que toda la comida que deja la cocina tiene que ir acompañada de una orden de pedido, tanto si es para un cliente como para un empleado.

Contabilidad

Haga que sus meseros se responsabilicen por todas las cuentas de los clientes y al final de la noche, las entreguen al gerente de turno. En lugar de tener una pila enorme con todas las cuentas de los clientes amontonadas para que los meseros las recojan cuando entran de turno, haga que el gerente de turno sea quien entregue las cuentas a los meseros y quien lleve un registro de las asignaciones de cada cuenta. La gerencia de esta manera también puede monitorear aleatoriamente y asegurarse que los métodos y cantidades de pago ingresados a las cuentas coincidan con lo que indica la computadora.

Tenga una política aplicable a un caso en el que se perdieran las cuentas.

Capítulo 12

Empleados que Reciben Propinas

*U*no de los mayores desafíos que enfrentan los dueños y gerentes de establecimientos de venta de comidas y bebidas con respecto a la nómina salarial, es lograr que sus empleados reporten y paguen tasas sobre sus propinas, como lo pide el IRS (Internal Revenue Service). Cumplir con las intrincadas reglas asignadas sobre reporte de propinas puede resultar difícil y confuso. Debido a la constante fluctuación de tasas legales, usted debe tener sumo cuidado con este tema; asesórese con su abogado o contador.

Una vez asesorado, usted necesita asegurarse que sus empleados de atención al público se entrenen en este tema. Podría pedirle a su abogado o contador que exponga la presentación con usted.

Determinación de la Tasa de Propinas y Programa Educativo

Acuerdos sobre Propinas del IRS

El IRS sigue poniendo énfasis en su estrategia de aumentar la tasa de obediencia de los empleados que reciben propinas. Originalmente desarrollado para la industria de las comidas y bebidas, este programa se ha extendido ahora también a las industrias del juego (casino) y de la peluquería.

Hay dos arreglos bajo este programa que, dependiendo de su negocio, algunos empleadores de industrias específicas pueden estar de acuerdo en acceder a ellos: El "Acuerdo de determinación de tasa de propinas" - The Tip Rate Determination Agreement (TRDA) está disponible para las industrias del juego y las industrias de la comida y la bebida, y el "Compromiso alternativo de reporte de propinas" - Tip Reporting Alternative Commitment (TRAC) está disponible para las industrias de la comida, bebida y peluquería. Primeramente introducido en 1993, la TRDA armó el escenario para una nueva forma de hacer negocios en el IRS. Este arreglo enfatiza el futuro compromiso con los empleados que reciben propinas en la industria de las comidas y las bebidas mediante la utilización de tasas individualmente calculadas para cada bebida minorista o comida. Además, si los participantes cumplen con los términos de los arreglos y reportan sus ingresos por propinas con exactitud, el IRS acuerda no iniciar ningún examen durante el período en el que la TRDA esté en efecto.

El segundo arreglo, el TRAC, surgió de un efecto cooperativo entre el IRS y una coalición formada por representantes de la industria de restaurantes. Se introdujo por primera vez en Junio 1995. El TRAC pone énfasis en la educación, tanto de empleados como de empleadores para asegurar el cumplimiento de las leyes de tasas relacionadas con el reporte de propinas. A los empleados se les pide un reporte de propinas detallando la correlación existente entre una propina cargada al empleado y una propina en efectivo. En general, el director de distrito del IRS no iniciará ningún examen al empleado o empleador mientras el efecto esté vigente si los participantes cumplen con las pautas contractuales.

La participación en uno de estos programas es voluntaria, pero usted puede solamente ingresar a uno de los de los sistemas por vez. Por favor consulte lo que la legislación de impuestos de 1998 especifica sobre la imposibilidad de los agentes del IRS de auditar para convencerlo de cambiar a la TRDA o al acuerdo TRAC .

El gran beneficio para usted como empleador, es que usted no será pasible de aplicaciones de tasas imprevistas. Quienes firman un acuerdo TRAC o TRDA reciben un compromiso del IRS donde consta que la agencia no examinará los libros del propietario en búsqueda de tasas menores o nómina de tasas provenientes de propinas inferiores a las reales. También hay beneficios para los empleados, los beneficios incluyen aumentos en su Seguridad Social, seguro de desempleo, plan jubilatorio y beneficios de compensación laborales.

Bajo el TRDA, el IRS trabaja con usted para llegar a establecer una tasa de propinas para sus empleados. Al menos un 75 por ciento de los trabajadores que perciben propinas deben estar de acuerdo en reportar sus propinas bajo la tasa pactada. Si ellos no cumplen con esto, se requiere que usted los denuncie al IRS. Si usted no cumple, el acuerdo cesa y su negocio es pasible de auditoría del IRS.

El TRAC es menos estricto pero requiere más trabajo de su parte. No hay una tasa establecida de propina, pero se le pide que trabaje con los empleados para asegurarse que ellos comprendan su obligación de reportar sus propinas. Usted debe establecer un proceso para recibir el efectivo de sus reportes de propinas, y ellos deben estar informados sobre las propinas que usted registra de los vouchers de las tarjetas de crédito.

Información

*I*nformación adicional sobre el reporte de propinas
Los siguientes formularios del IRS y publicaciones relacionados
al reporte de ingreso de propinas pueden ser descargados
directamente desde la página del gobierno en internet: www.irs.
gov/formspubs/index.html. Busque el título Forms and Publications
(Formularios y publicaciones) por número.

- Pub 505—Tax Withholding and Estimated Tax (Retención
  de tasa y tasa estimada)

- Pub 531—Reporting Tip Income (Reporte de ingresos por
  propinas)

- Form 941—Employer's Quarterly Federal Tax Return
  (Retorno cuatrimestral de tasas federales del empleador)

- Form 4137—Social Security and Medicare Tax on
  Unreported Tip Income (Seguridad social y tasa de cuidado
  medico sobre propinas no reportadas)

- Form 8027—Employer's Annual Information Return of Tip
  Income and Allocated Tips (Retorno anual de información
  del empleador del ingreso por propinas y retenciones
  estatales)

Preguntas Frecuentes Sobre el Reporte de Propinas del Empleado

Al ser empleado, el ingreso proveniente de las propinas que recibe, ya sea en efectivo o no, es un ingreso alcanzado por tasas. Como ingreso, estas propinas están sujetas a la tasa federal de ingresos y a las tasas de Seguridad Social y de cuidado médico, y pueden estar sujetas también a tasas estatales de ingresos.

P: ¿Qué propinas debo reportar?
R: Si usted recibe $20 o más por mes en concepto de propinas, usted debe reportar todas sus propinas a su empleador para que las tasas de ingreso federal, seguridad social y de cuidado médico y quizás tasas de ingresos estatales puedan ser retenidas.

P: ¿Debo reportar todas mis propinas sobre mi tasa de retorno?
R: Si. Todas las propinas son ingresos y deben ser reportadas sobre su tasa de retorno.

P: ¿Es verdad que solo el 8 por ciento de la totalidad de mis ventas debe ser reportado como propina?
R: No. Usted debe reportar a su empleador el 100 por ciento de sus propinas, excepto que estas sean menores a $20 en algún mes. La regla porcentual del 8 por ciento se aplica solo a empleadores.

P: ¿Necesito reportar las propinas de otros empleados?
R: Si. A los empleados que reciben propinas indirectas de otros empleados se les exige que las reporte (Tip-outs). Esto se puede aplicar al bus por ejemplo.

P: ¿Tengo que reportar los tip-outs que pago a empleados con propinas indirectas?
R: Si usted es un empleado que recibe propinas directamente, usted debe reportar a su empleador solo

la cantidad de propinas que retenga. Mantenga registros de sus tip-outs junto con sus otros ingresos de propina (propinas en efectivo, propinas cargadas, propinas divididas, fondo de propinas).

P: ¿Qué registros necesito llevar?
R: Usted debe llevar un registro diario de todos los ingresos que recibe por propinas a diario.

P: ¿Qué puede ocurrir si no llevo un registro de mis propinas?
R: El reporte de cantidades inferiores trae como resultado la posesión de tasas sustanciales, penalidades y captación de interés del IRS y otras agencias.

P: Si reporto todas mis propinas a mi empleador, ¿todavía tengo que llevar registros?
R: Si. Usted debe llevar un registro diario de sus propinas para que, en caso de inspecciones, usted pueda sustanciar la cantidad real de propinas recibidas.

P: ¿Porqué debería reportar las propinas a mi empleador?
R: Cuando usted reporta sus propinas al empleador, se le pide a él que retenga la tasa federal de ingresos, las tasas de seguridad social y de cuidado médico y tal vez la tasa estatal de ingresos. El reporte de propinas puede aumentar sus créditos en Seguridad social, teniendo como resultado mayores beneficios en lo que a seguridad social se refiere cuando se jubile. El reporte de propinas también puede incrementar otros beneficios que pueden tener efectos, como beneficios en caso de desempleo o beneficios jubilatorios. Además de eso, un mayor ingreso puede mejorar el aval financiero para préstamos en general.

P: Olvide reportar a mi empleador mi ingreso por

propinas, pero lo recordé para mi retorno de tasa federal de propina. ¿Representa eso un problema?
R: Si usted no reporta su ingreso por propinas a su empleador, pero lo reporta al retorno de tasas federales, usted debe el 50 por ciento de la tasa de seguridad social y de cuidado médico y es sujeto a una penalidad por negligencia y posiblemente, a una penalidad en la tasas.

P: Si reporto todas mis propinas, pero mis tasas sobre ellas son mayores al pago de mi empleador, como pago las tasas remanentes?
R: Usted puede pagar la tasa cuando su expediente de retorno de tasas federales regrese o dar el dinero de las propinas en efectivo a su empleador para el pago de esas tasas debidas.

P: ¿Qué puede pasar si no reporto mis propinas al IRS?
R: Si el IRS determina a través de una inspección que usted reportó propinas menores, usted puede ser sujeto a tasas de ingresos federales adicionales, tasas de Seguridad social y cuidados médicos y, posiblemente, tasas de ingreso estatales. Además se lo penalizará con el 50 por ciento adicional de las tasas Seguridad social y cuidados médicos y una penalización del 20 por ciento por negligencia de la tasa adicional de ingresos, más cualquier interés que se aplique.

P: ¿Cuál es mi responsabilidad como empleado bajo el TRDA (Tip Rate Determination Agreement)?
R: Se le pide que archive su tasa de retorno federal.Usted debe firmar un acuerdo de participación de empleado que recibe propinas, donde se asienta que usted está participando del programa. Para seguir participando, usted debe reportar propinas a igual o mayor tasa que la

determinada por el acuerdo.

P: ¿Cuál es mi responsabilidad como empleado bajo el TRAC (Tip Reporting Alternative Commitment)?

R: Empleado de propina directa: Su empleador le entregará una planilla escrita (al menos mensualmente) que refleja las propinas cargadas:

• Usted debe verificar o corregir esta planilla.

• Usted debe indicar la cantidad de efectivo recibido en forma de propinas.

• Al reportar las propinas en efectivo, tenga en mente que hay correlación entre las propinas cargadas y las propinas de efectivo.

• Se le puede llegar a preguntar el nombre y cantidad de tip-outs que usted haya dado a empleados con propina indirecta.

R: Empleado de propina indirecta: Se le pide que reporte todas las propinas a su empleador.

Políticas de Reporte de Propinas

¿Quién tiene que reportar propinas? Los empleados que reciben $20 o más en concepto de propinas, por mes, tienen la obligación de reportar sus propinas al empleador por escrito. Al recibir el reporte de propinas de su empleado, usted debe utilizarlo para calcular el monto para Seguridad Social, cuidado médico y tasas de ingreso para los pagos del período tanto en salarios como en reportes de propinas. (Para mayor información sobre las responsabilidades del empleador, visite la página web del IRS en www.irs.gov, y mire la publicación 15, Circular E, Employer's Tax Guide (Guía de tasa de empleador). Para mayor información sobre las responsabilidades del empleado, mire la publicación 531, Reporting Tip Income (Reporte de ingresos por propinas).

Capítulo 13

Servicio de Bebidas

Políticas de Venta de Alcohol

Si un restaurante tiene licencia para vender vino y cerveza o licores, la venta de alcohol puede ser muy rentable, y por ese motivo también se maneja mucha propina. Desafortunadamente, en estos tiempos actuales esto también puede ser una responsabilidad. En los últimos años, los diarios han publicado miles de historias acerca de restaurantes y/o empleados demandados porque un concurrente del lugar conduciendo en estado de embriaguez hirió o mató a alguien camino a su casa. El primer paso para una venta responsable de alcohol es asegurarse que usted y sus meseros conozcan las leyes y legislaciones que comprometen a la venta de alcohol.

Conozca los Signos de Intoxicación

Los signos pueden incluir el habla apresurada, la pérdida de inhibición, agresividad y pérdida de coordinación muscular.

Conozca la Política de Venta de Alcohol de su Restaurante.

Esta política incluye una descripción de las leyes federales, estatales y locales que regulan la venta de alcohol. También pauta reglas para sus meseros, que incluyen imposibilidad de venta a menores y a clientes intoxicados. Usted también debería establecer límites. Por ejemplo, imponer una política que diga que si un cliente ordena cuatro tragos, el mesero debe alertar al gerente. El manager de esta manera puede monitorear la situación y determinar si se debe poner un freno al cliente. También se puede establecer una relación comercial con una compañía de taxis locales para aquellas ocasiones en que sea preciso que su cliente se retire del establecimiento con un taxi de la compañía.

Lleve Cuenta de la Ingesta Alcohólica

Lleve cuenta de la ingesta alcohólica si parece que hubiera un problema potencial. También puede hacer que los meseros ofrezcan un menú a los clientes que solo beben. De ser necesario, deje que el cliente se vaya sin pagar. A la larga, ¡Esto es más económico que una demanda!

Si Ocurre un Incidente

Asegúrese que la gerencia esté involucrada en cualquier incidente. Además, documente todo lo que ocurra.

Recursos

La Fundación Educacional de la Asociación de Restaurantes de la Nación (The National Restaurante Association Educational Foundation) ofrece material de entrenamiento vinculado al servicio responsable de bebidas alcohólicas. Usted puede encontrar esta información en www.nraef.org. Usted también puede encontrar información sobre el abuso de alcohol en www.icap.org, el Centro Internacional de Políticas sobre Bebidas Alcohólicas (The

International Center for Alcohol Policies).

Seguridad con el Alcohol.

A continuación se explican detalles importantes que el mesero debe saber antes de servir alcohol.

La concentración de alcohol en la sangre es un indicador de la cantidad de alcohol presente en el torrente sanguíneo. El alcohol es absorbido directamente dentro del torrente proveniente del estómago y los intestinos.

Al .08 por ciento una persona es considerada legalmente intoxicada en la mayoría de los estados. En nuestro estado, el nivel legal de intoxicación es _____.

Dentro de los factores que afectan la absorción de alcohol al torrente sanguíneo se incluyen:

- La cantidad consumida.
- La rapidez con la que el alcohol es consumido.
- El peso de la persona.
- El sexo de la persona.
- Si la persona ha comido o no en las últimas horas.

Las formas de evitar que se intoxique un cliente:
- Chequear siempre las identificaciones.
- No servir al cliente más de un trago por vez.
- Ofrecer al cliente comida cuando bebe.
- Llevar la cuenta de cuanto ha consumido el cliente.

Formas en prevenir que un cliente e intoxique:
- Siempre checkear IDs.
- No sirva al cliente más de una bebida a la vez.
- Ofrecer al cliente comida mientras toma.
- Lleve la cuenta de cuanto alcohol a consumido el cliente.

| Etapas de Intoxicación ||
Nivel 1	Nivel 2
El cliente eleva el tono de voz.	El cliente puede tener dificultad para caminar.
El cliente puede volverse amistoso en exceso	Balbucea
	El cliente puede volverse argumentativo.
	El cliente puede presentar una coordinación muscular reducida (puede tener problemas al recoger el cambio, etc.).

Como Servir Alcohol

Aunque no necesitan comprender los procesos de destilado y fermentación, los meseros deberían estar familiarizados con los diferentes tipos de alcohol, con los diferentes vasos y con la terminología básica:

Servicio
El personal siempre debería servir las bebidas alcohólicas con celeridad. La rapidez con la que alguien recibe un trago puede ser la clave sobre el ánimo y el humor del cliente esa noche. Si el mesero no trae los tragos en diez minutos, el cliente se da cuenta de que su comida seguramente será igual de lenta. Si el mesero está en la parte trasera, un anfitrión, anfitriona o

gerente puede acercarse y asegurarse que la mesa reciba sus tragos rápidamente. Al igual que sucede con la comida, las mujeres son generalmente servidas en primer lugar.

Cristalería y vasos

Se utilizan diferentes vasos para las distintas bebidas alcohólicas. Asegúrese que sus meseros conozcan la diferencia entre un jigger, un vaso de trago largo, un vaso de martín y una flauta de champagne, así como también la diferencia entre los vasos de vino blanco y tinto. Asegúrese que sus meseros siempre manipulen la cristalería correctamente. Ellos nunca deberían tocar los bordes; los vasos deberían ser tomados por las asas o por la base en el caso de la copa de vino.

Tipos de alcohol

Además de conocer sobre cristalería, su mesero debe estar familiarizado con los diferentes tipos de alcohol. Por ejemplo, asegúrese que su personal de servicio conozca que whisky puede referirse a whisky irlandés, de Bourbon, de avena, scotch, mezcla y canadiense.

Testeando su conocimiento

Testee el conocimiento de alcohol de sus meseros y la forma en que éste debe ser servido. Haga el test ameno y divertido, como por ejemplo otorgando un premio al mesero que obtenga el puntaje más elevado y al que haya mejorado más desde el último test.

Tipos de Alcohol

Todo el licor que se sirve en el restaurante puede dividirse en dos categorías básicas: well items y call items. Algunos restaurantes establecen también un sistema triple de licores: well, call y premium. El licor denominado Premium sufre un recargo adicional.

Well Items

Well items son los licores "de la casa" que el restaurante sirve. Se denominan well items porque se colocan en la rejilla frontal frente al barman. Well liquors se utilizan cuando un cliente ordena un trago particular sin especificar una marca; por ejemplo, un scotch y soda o un bourbon y agua. Para cada tipo importante de licor como ser bourbon, gin, vodka, scotch, tequila, ron, brandy y avena, usted necesitará seleccionar un licor well o una marca de la casa. El licor que usted seleccione debe ser de una marca popular y reconocida de precio moderado.

Call Items

Call items son los más caros por ser los tipos de licores de calidad superior que un cliente ordena por el nombre particular de la marca: por ejemplo, un scotch Cutty Sark y soda o un Jack Daniel's bourbon y agua. Call items son llamados también ítems de atrás de la barra porque usualmente se los coloca en los estantes tras la barra.

Whisky

Todos los whiskys son destilados de granos fermentados. Los granos que se utilizan comúnmente son los de cebada, avena, maíz y trigo. Todos los whiskys son añejados en cubas de roble. De este añejamiento se obtiene el color característico, como así también el sabor y el aroma.

La mayoría del whisky consumido en este país es producido en los Estados Unidos, Canada, Esocia o Irlanda. Cada país produce su propio whisky distintivo. El whisky puede ser dividido en dos tipos básicos: puro y mezcla.

El whisky puro es un whisky que nunca fue mezclado con otros tipos de whisky ni con ningún otro grano neutro. El whisky puro en sí mismo contiene 4 tipos principales, expuestos debajo.

El whisky mezcla es una mezcla de whiskys puros y/o granos neutros. Debe contener al menos un 20 por ciento, por volúmen, de un whisky puro y ser embotellado a no menos de 80 proof.

Tipos de Alcohol	
WHISKYS PUROS	
Whisky Bourbon	Su nombre deriva del estado de Bourbon en Kentucky, donde el whisky era originalmente producido. El Bourbon debe ser destilado de molienda de granos conteniendo al menos un 51 por ciento de maíz. (Sugerido: 1 well bourbon y 3–6 call items.)
Whisky de avena	Tiene un color ámbar similar al bourbon, pero el sabor y aroma difieren. La variedad de whisky de avena debe destilarse de una molienda fermentada de granos siendo estos de avena en un 51 por ciento. (Sugerido: 1 well avena y 1–2 call items.)

Whisky de maíz	El whisky de maíz debe ser destilado de granos molidos fermentados y contener al menos un 80% de granos de maíz. (Sugerido: 1 call item solamente.)
Whisky Embotellado en bond	Usualmente se trata de un whisky de avena o bourbon que es producido bajo la supervisión del gobierno de los Estados Unidos. El gobierno asegura lo siguiente: • El whisky es añejado por lo menos de cuatro años. • Es embotellado a 100 proof. • Es producido a partir de una destilación por un solo destilador. • Es embotellado y almacenado bajo supervisión gubernamental. Cuando el gobierno sigue estos pasos, el whisky se denomina "embotellado en bond." El gobierno no garantiza la calidad del whisky, solo asegura que se completen correctamente los pasos bajo su supervisión. (Sugeridos: 1–2 call items.)
WHISKYS MEZCLA (Blended)	
Whisky Canadiense	El whisky canadiense es una mezcla producida bajo la supervisión del gobierno canadiense. Este whisky es de cuerpo más ligero que la mayoría de los whiskys americanos. (Sugerido: 1 well y 3–6 call items.)

Whisky escocés	El whisky escocés se produce solamente en Escocia. Todas las mezclas Scotch contienen whiskys de malta y granos. El sabor ahumado único del escocés deriva del secado de la cebada malteada sobre llamas. En los últimos años la popularidad del whisky escocés y otros ha crecido asombrosamente. Muchos bares cuentan con una basta selección de maltas difíciles de encontrar, lo que les deja una amplia ganancia. El whisky simple de malta es un producto de destilado simple que no ha sido mezclado con otros whiskys. Solamente agua se añade antes del embotellamiento y en caso de que la botella tenga la inscripción "cask strength" ni siquiera hay un agregado de agua. Hay algunas boetellas que marcan un porcentaje alcohólico superior a 60. (Sugerido: 1 well Scotch y 4–8 call items.)
Whisky Irlandés	El whisky irlandés solamente es producido en Irlanda. Este whisky es usualmente más pesado y con más cuerpo que la mayoría de las mezclas escocesas. La cebada malteada utilizada en el proceso de destilado es secada sobre brasas calientes. Este proceso de secado no afecta o afecta muy poco al sabor del whisky (Sugerido: 2–3 call items.)

OTROS LICORES	
Vodka	El vodka era originalmente producido en Rusia en base a papas destiladas. Ahora, se produce en varios países, y se logra a partir de una variedad de granos, los más comúnmente utilizados son el maíz y el trigo. Se embotella a no menos de 80 y a no más de 110 grados de alcohol. Durante el proceso de destilado, es altamente refinado y filtrado, usualmente con la utilización de carbón activado. El vodka no se añeja. Carece de color, olor y prácticamente de sabor. Gracias a estas propiedades, resulta un licor muy versátil y apto para muchísimas mezclas posibles. Además también puede servirse sin mezclar con ningún otro licor, enfriándolo para que de una sensación de sabor. (Sugerido: 1 well brand de graduación 80 y uno de graduación 110, y 2–3 call items; 1–2 deberían ser importados.)
Gin	El gin es destilado de una variedad de granos y es embotellado a 80 grados. Cada gin tiene su sabor y su aroma característico. El aroma deriva de una receta de bayas de juniper y otras platas surtidas. El gin usualmente no tiene color y es comúnmente utilizado par realizar tragos con martini. El gin aspirado-destilado gin is distilled in a glass-lined vacuum at lower than normal distilling temperature. Este proceso tiende a eliminar la amargura que se encuentra en algunos gins. (Sugerido: 1 well y 3–4 call items; 1–2 deberían ser importados.)

RON

El ron se destila del jarabe de caña, que es el jugo fermentado de la caña de azúcar y melazas. Se embotella a no menos de 80 de graduación alcohólica. La mayoría de los ron son una mezcla de diferentes ron añejados. Los ron oscuros tienen a menudo jarabe de caramelo agregado para que le confiera color. Los ron pueden ser clasificados en dos grandes tipos.

Ron de cuerpo liviano	Son secos y suaves en color debido a la ausencia de melazas. Entre los ron de cuerpo liviano hay dos variedades: etiqueta dorada y etiqueta blanca. La etiqueta dorada es de una calidad algo superior a la blanca y es más oscura y más dulce; la blanca es más pálida y más fuerte. (Sugerido: 1 well de 80 y 1–2 call items.)
Ron de cuerpo intenso	Los ron de cuerpo intenso fueron destilados en un proceso diferente y más lento. Debido a la lentitud del proceso, el ron contiene más melasas, lo que lo hace más oscuro, más dulce y más sabroso. (Sugerido: 1 well de 80, 2–3 call items y 1–2 de alta graduación alcohólica.)

BRANDY

El brandy es tradicionalmente destilado de pulpa de uvas fermentadas pero también puede producirse a partir de otras frutas. Hay varios tipos a la venta.

Cognac	El cognac es quizás uno de los brandys más refinados. Es producido en la región francesa de Cognac. Usualmente resultante de la mezcla de varios tipos de cognac destilados de la región. El cognac se puede añejar por un período de quince años o más.

Brandy Armagnac	Este brandy es similar al cognac pero levemente más seco en su sabor. Se produce solamente en la región francesa de Armagnac.
Apple Jack	Este brandy se destila de la sidra de manzanas aplastadas. Calvados (un brandy de manzana) es producido solamente en Normandia, Francia. En los Estados Unidos, el Apple Jack is muchas veces embotellado en bond.
Brandys con Sabor a Frutas	Estos brandys tienen una base destilada de brandy con el agregado de algún ingrediente saborizante. Se utilizan usualmente para las mezclas entre cocktails. Una buena selección de los mejores tipos será necesaria sin duda.
TEQUILA	
Tequila	El tequila se produce usualmente en México o en el sudoeste Americano. Se destila de pulpa fermentada de cactos. El tequila es casi siempre claro, a pesar de que algunos muestran un tinte dorado. El aroma y sabor del tequila son distintivos. El tequila se utiliza primariamente para la elaboración de tragos margarita. Además, en los últimos años se han incrementado en cantidad los tequilas denominados "premium" o de calidad superior. El tequila se puede enfriar u servirse o bien acompañar una cerveza. (Sugerido: 1 well y 2–3 call items importados)

CORDIALES Y LICORES

Cordiales y licores	Los cordiales y licores son logrados de las mezclas o predestilado de granos neutros con frutas, flores o plantas, a las que se les agrega azúcar. Los cordiales y licores son coloridos y muy dulces, por lo que son siempre servidos en último lugar. Existe una amplia variedad de cordiales y licores. Una Buena selección de éstos debe incluir de 15 a 25 productos. Hay aproximadamente entre 10 y 12 tipos diferentes que debe tener siempre ya sea por su popularidad o por su necesaria presencia en mezclas. (Todos los cordiales y licores deben ser call items.)

VERMOUTH

El vermouth no se clasifica como licor, es en realidad un vino saborizado con raíces, bayas y varios tipos de plantas. El vermouth se utiliza casi con exclusividad para preparar martinis y Manhattans. Hay dos tipos básicos.

Vermouth Seco	Habitualmente producido en America o Francia. Esta variedad tiene una coloración ligeramente dorada. Se utiliza para realizar tragos martini. Un solo ítem de calidad es todo lo que usted necesita.
Vermouth Dulce	El vermouth dulce es un vino oscuro rojizo con un sabor dulce y rico. Es producido mayoritariamente en Italia. Se utiliza para la preparación de cocktail Manhattan. Una Buena botella de este vermouth sera suficiente.

CERVEZA

Ya sea que se trate de cerveza empacada en botellas o de cerveza de barril, la cerveza debería ser tratada como un comestible. Siempre tenga en mente que es un producto perecedero con un rango de vida limitado. Para asegurar la frescura y el sabor pleno de la cerveza embotellada, es esencial adherirse a unos pocos procedimientos simples. Los dos mayores enemigos de la cerveza son la exposición a la luz y las temperaturas extremas, y la mejor forma de combatir estos factores es conservarla en un lugar oscuro y relativamente fresco.

Existen cinco categorías básicas de cerveza: ligeras, el tipo más popular producido en la actualidad; ales, que contienen más lúpulo hops y son más fuertes en sabor; y porter, stout y bock, que son todas más pesadas, oscuras, sabrosas y dulces que las primeras dos.
La cerveza se encuentra disponible en latas o en sistemas de barriles con presión de gas. Menos de una docena son primariamente demandados por los clientes. Sin embargo, es notable la popularidad que las micro-cervecerías han alcanzado. Hay muchos restaurantes independientes y al menos dos cadenas nacionales que cuentan con una micro-cervecería en su establecimiento como herramienta de mercadotecnia. Se sugiere que su cerveza más popular sea tomada de barril—la mayoría de los clientes así lo prefieren y resulta más económico para usted. La cerveza es un ítem perecedero, entonces usted debería comprar las marcas menos populares embotelladas o enlatadas para conservar su frescura.

Las cervezas importadas han adquirido gran popularidad en estos últimos años. A pesar de ser de un 50 a un 100 por ciento más costosas que las cervezas nacionales, los clientes exigen las cervezas más populares. Hay tres o cuatro cervezas importadas que siempre deberían estar a la venta.la cerveza liviana es producida con menos calorías que la tradicional y ha cosechado gran interés en los últimos años. De una a dos cervezas livianas deberían incluirse en su lista.

Terminología de Bar

Los términos aquí definidos son de uso común en el bar:

ALCOHOL—Existen varios tipos de alcohol. El alcohol etílico es el que se encuentra en las bebidas alcohólicas.

GRADUACIÓN ALCOHÓLICA—La graduación es la medida de alcohol presente en una bebida alcohólica. Cada grado representa la mitad de alcohol. Por ejemplo, una botella de licor destilado con graduación 90 contiene un 45 % de alcohol.

SPIRITS NEUTROS—Es un alcohol etílico incoloro, inolororo e insípido destilado de granos con un mínimo de 190 de graduación alcohólica. Estos granos neutros se utilizan para mezclar whiskys y fabricar otros tipos de licores.

SHOT o JIGGER—Un shot o jigger es una unidad de alcohol que oscila entre 1/2 onza y 2 onzas. La mayoría de los restaurantes vierten shots de 11/4–11/2-onza para cocktails y agregan algo menos a los tragos de mezcla.

STRAIGHT UP—Cualquier cocktail servido sin hielo, usualmente un martini, Manhattan o margarita. Se debe utilizar un vaso especial congelado, con un cuello largo. Los licores y cordiales servidos sin hielo pueden servirse en pequeños vasos.

EN LAS ROCAS—Se refiere a un cocktail—usualmente a un licor, como un escocés o un cordial—servido sobre hielo. Aunque la mayorá de los cocktails se sirven sobre hielo, algunos también se sirven sin él. En tal caso, quien atiende el bar o el mesero debe preguntar al cliente de que modo se desea el trago.

TWIST, CUÑA y RODAJA—Se refiere a la fruta que decora el vaso de cocktail. Un twist es la piel de un limón retorcida. Una cuña o rodaja es usualmente una pequeña porción de lima o naranja.

EXPRIMIDOR Utilizado para exprimir el jugo de una fruta.

AMARGOS Son líquidos realizados con extractos de raíces, frutos silvestres o variedades herbales. Su sabor es amargo y una pizca o dos se utiliza en algunos cocktails.

VIRGEN se refiere a un trago que no contiene ninguna bebida alcohólica, tal como la Piña-Colada Virgen o el Bloody Mary Virgen.

FONDO—Usualmente se refiere a un fondo de agua o café. Esto indica que con el cocktail ordenado, el cliente también quiere recibir un vaso aparte con agua o café.

RIMMED—Colocación de sal, azúcar o sal de apio alrededor del borde de un vaso de cocktail. Usualmente los Bloody Marys, las Margaritas y los Salty Dogs se sirven así. Quien prepara el trago humedece el borde del vaso con una cuña de fruta y luego apoya la superficie recién humedecida sobre sal o azúcar según se desee.

BATIDO se refiere a un cocktail batido en el vaso de mezcla antes de servirlo.

REVUELTO se refiere a un cocktail revuelto con una cuchara (no batido) en el vaso de mezcla antes de servirse.

Vino

$\mathcal{H}$ ace un par de años atrás, muchos restaurantes ofrecían solamente dos opciones de vino: blanco y tinto. Con la creciente popularidad quienes disfrutan del vino, muchos restaurantes ahora cuentan con cartas de vinos extensas, que contienen desde lo más común hasta lo exclusivo.

Con el incremento de la popularidad del vino, el consumo en el establecimiento obliga a una expansión de los restaurantes tradicionales. Las ventas se ven favorecidas por estudios documentados bien publicitados que indican que el vino es bueno para la salud si es consumido con moderación.

Servir vino en el restaurante puede ser muy simple o muy elaborado, según usted lo desee. Algunos restaurantes almacenan cientos de botellas, muchas de ellas de cosechas poco usuales y las mantienen en sótanos preparados para tal propósito. Otros sirven solamente un vino de la casa o hasta incluso, pueden llegan a no servir ninguno. El vino, más allá de la cosecha o del precio del que se trate, siempre mejorará la noche del cliente resaltando el sabor de las entradas y haciendo de la cena un evento festivo. El propósito de este capítulo no es adentrarse en la intrincada temática del vino, sino demostrar como desarrollar y promover una lista de vinos sensata.

Con el desarrollo de esta lista, usted no solo hará que sus clientes disfruten más del vino sino que además incrementará las ganancias del restaurante. El desarrollo de una carta de vinos es solo el comienzo, sin embargo, de un programa de vino; el entrenamiento necesario para su servicio es imperativo. La educación en el tema del vino yace en ultimo lugar entre las cosas que un operador de restaurante toma en cuenta; sin embargo, el vino es uno de los ítems que más necesita ser considerado

Aunque el vino contiene alcohol, le otorgamos aquí un tratamiento especial porque hay más puntos a tener en cuenta que al consumir otras bebidas alcohólicas. Mucha gente disfruta del vino durante la comida, por lo tanto el servicio de vino requiere un gran conocimiento del mismo, ese conocimiento no es tan indispensable para otras bebidas alcohólicas. Si alguien ordena un whisky y

soda para cenar, esa persona no se preocupa si va con un cordero especial. Cuando un cliente ordena vino, sin embargo, generalmente se trata de hacer que la orden de vino concuerde con la comida ordenada. Debido al importante nexo existente entre el vino y las comidas, muchos restaurantes no toman la orden de vino hasta que el cliente haya ordenado su comida. Los siguientes lineamientos contribuyen a brindar un servicio con estilo.

Tamaños de las Botellas

La mayoría de los restaurantes tienen botellas de vino de 750 ml. para la venta. También se pueden ofrecer opciones más pequeñas, de aproximadamente la mitad de una botella normal. La mayoría de los restaurantes además tienen botellas para poder ofrecer un servicio por copa.

Lenguaje del vino

Es importante que sus meseros sepan lo básico sobre vinos, las variedades de uva más famosas y como la gente define al vino. Sus meseros deberían poder opinar sobre el color, aroma ("nariz") y sabor ("paladar"). También deberían tener la capacidad de poder distinguir las diferencias de color más sutiles. ¿Es una vino amarillo claro como el Chardonnay más claro que el Pinot Grigio? Algunos de los términos utilizados por las personas para describir el aroma y sabor del vino incluyen seco, dulce, terroso y ahumado. También se puede decir que el sabor de un vino es reminiscente de otro, como las frambuesas o la pimienta. Y lo más importante que los meseros deben saber es cuales vinos del establecimiento son dulces y cuales son secos. Esta será la categoría básica en la cual se basarán los clientes para decidir sobre un vino. Para obtener una ayuda más exhaustiva sobre el tema, visite www.demystifying-wine.com.

Lectura de Etiquetas de Vino

La guía de Franklin Miami Publishing "How to Read Wine Labels" resume todo lo que usted necesita saber acerca de la interpretación de la información de etiquetas de vinos. Vaya a www.franklinmiami-publishing.com.

Ayudar a un cliente en su elección de vino

Muchos clientes buscarán en el mesero un consejo experimentado para la elección correcta del vino. Asegúrese que sus meseros se sientan cómodos con ese rol. Para lograr esto, lo primero que debe ocurrir es que los meseros se familiaricen con la lista de vinos del restaurante y conozcan los sabores de los mismos. Si el cliente es un experimentado conocedor de vinos, el mesero puede buscar en el gerente un conocimiento mayor sobre el tema para poder satisfacer la demanda del cliente. Usted también debe alentar a los meseros para que les sugieran a los clientes la posibilidad de degustar los vinos por copa.

Servicio de vino

Los vinos tintos se deben servir a temperatura ambiente, y los blancos se deben enfriar alrededor de los 50 F. Para servir desde una botella de vino, presente la botella a la persona que la ordenó, con la etiqueta que mire hacia el cliente. Una vez que el cliente aprueba el vino, coloque la botella en la esquina de la mesa y ábralo. Corte la envoltura superior de la botella y colóquela en un bolsillo de su delantal. Quite el corcho y vierta una onza o dos en la copa de la persona que ordenó para que ésta pruebe. También puede colocar el corcho al lado de esa persona para que pueda inspeccionarlo, si así lo quisiera. Después que el cliente degustó y aprobó el vino, sirva el vino a quienes estén en la mesa, comenzando por las mujeres presentes en el grupo. Al terminar de servir un vaso, dele un breve giro a la botella para evitar el goteo. También coloque una servilleta cercana al cuello de la botella para prevenir que no gotee. Al llenar los vasos de vino, el mesero debería hacerlo hasta la mitad o hasta dos tercios de copa.

Pronunciación

Asegúrese que sus meseros estén familiarizados con la pronunciación de los vinos incluidos en la carta.

Vino y comida

Sus meseros deberían estar en condiciones de poder aconsejar sobre que entrada combina bien con cada vino. Usted les puede dar una mano con la inclusión de esta información en el menú si hubiera lugar, pero de todas maneras los meseros deberían poder realizar sugerencias.

Recursos sobre vino

Existen muchos libros y revistas dedicados al vino. Algunas de las publicaciones más respetables son: Exploring Wine: The Culinary Institute of America's Complete Guide to Wines of the World, Robert Parker's Buying Guide, Oz Clarke's Encyclopedia of Wine, Hugh Johnson's Wine Atlas, and Tom Steven's New Sotheby's Wine Encyclopedia.

The Hachette Wine Guide 2002, reconocida como "The French Wine Bible" y "The Definitive Guide to French Wine," contiene más de 9,000 vinos seleccionados por 30,000 y descriptos por 900 expertos.

Recursos en Internet

Pruebe en Wine Spectator en www.winespectator.com, Wine and Spirits en www.wineandspiritsmagazine.com, y Wine Enthusiast en www.wineenthusiast.com. También hay recursos en la red sobre vinos. El sitio www.tasting-wine.com/html/etiquette.html, Tasting Wine, es un buen recurso, al igual que Good Cooking's wine terminology cuya página web es www.goodcooking.com/winedefs. asp. Finalmente, el sitio web de the American Institute of Wine and Food's contiene información sobre las versiones locales www. aiwf.org, y Wines.com en www.wines.com ofrece respuestas de expertos, degustaciones de vino virtuales y base de datos online para búsquedas específicas.

Etiquetas de Vino

En los Estados Unidos, las etiquetas de vino contienen la siguiente información:

- Nombre del vino
- Nombre del productor\nombre y dirección del embotellador
- Nombre del importador
- Nombre del encargado de envíos
- Contenido alcohólico (como porcentaje del volúmen)
- País de origen
- Advertencia de Sulfito
- Advertencia del gobierno

Las etiquetas también pueden incluir:

- Calidad de vino
- Cosecha
- Tipo de vino
- Región de cultivo
- Información descriptiva

Las regulaciones para el etiquetado son determinadas por el cuerpo regulatorio de cada país, por lo tanto las etiquetas de vinos de distintos países varían.

Las siguientes clasificaciones son las clasificaciones básicas del vino, qué ítems del menú son servidos generalmente con ellos, y el número aproximado de provisión para representar a cada categoría de manera adecuada.

Clasificaciones Básicas de Vino	
VINOS TINTOS	
Cuerpo Liviano	Ejemplos: Gamay, Sangiovese, Pinto Noir Se sirve con: carnes rojas, productos de caza rostizados, pescados oleosos como el salmón
Cuerpo Medio	Ejemplos: Merlot, Syrah, Zinfandel, Malbec Se sirve con: cordero, puerco, venado, aves de presa
Cuerpo Intenso	Ejemplo: Cabernet Sauvignon Se sirve con: todas las carnes rojas, pato, cordero
Semi-Dulce	Se sirve con: postre; nunca antes de la comida, ya que su dulzura eliminará el apetito.
VINOS BLANCOS	
Seco de Cuerpo Liviano	Ejemplos: Pinot Grigio, Pino Blanc, algunos Rieslings Se sirve con: frutos de mar, comida marina
Semi-Dulce	Se sirve con comida marina
Cuerpo Medio	Ejemplos: Sauvignon Blanc, Gewürztraminer, algunos Chardonnays Se sirve con: aves de caza rostizadas, pesacados oleosos como el salmón, bifes
Cuerpo Intenso	Chardonnay Se sirve con: carnes blancas, comida marina

VINOS ROSADOS	
Secos de cuerpo liviano	Se pueden servir en lugar de vinos blancos o tintos.
VINO ESPUMOSO/CHAMPAGNE	
Seco	Puede ser servido en lugar de vinos blancos secos—complemento de la mayoría de las comidas.
Semi-Dulce	Puede servirse en lugar de los blancos semi dulces—.
VINOS FORTIFICADOS Y DE POSTRE	
Sherry	Se sirve con: plato de sopa. Los vinos más dulces van bien con la fruta y/o el postre. Algunos como el Port o Sauterne pueden ir bien con un aperitivo agridulce como el queso Stilton.

Tips de Degustación

Vista

Usted puede deducir varias cosas a partir del color del vino, incluyendo su edad; los vinos blancos se oscurecen con la edad mientras que los tintos se vuelven más claros.

Movimientos circulares

El olfato es un elemento esencial para degustar el vino. Para poder captar todos los matices presentes en un vino, deberá hacer girar con movimientos circulares el vino de su copa para "desatar matices." El moverlo en forma circular le permite al aire combinarse con el vino.

Olfato

Luego de mover el vino en forma circular, huélalo y trate de describir el aroma.

Degustación

Al degustar el vino, usted debería beber de a sorbos y mantener esas pequeñas cantidades en la parte superior de su boca. Dejar pasar aire a través de un pequeño hueco en sus labios y permitir que el aire atraviese al vino en la boca, dejando que se formen burbujas.

Descripción del vino

La siguiente tabla define algunas de las características básicas del vino.

Liviano	Se refiere al cuerpo del vino o al contenido alcohólico.
Seco	Se refiere a la falta de dulzura en el vino.
Semi-Dulce	Se refiere a la dulzura encubierta presente en un vino.
Cuerpo	Textura o sabor del vino en la boca.
Bouquet	Muchos aromas encontrados en un solo vino.
Mantecoso	Aroma y sabor rico y cremoso. Usualmente utilizado para describir a algunos Chardonnays.
Acabado	Sabor que el vino deja en la boca una vez que es tragado.
Piernas	Gotas de vino que caen dentro de la copa cuando ésta se balancea previo a la degustación.
Maduro	Listo para beber.
Nariz	El aroma o bouquet de un vino.
Brillante	Un vino joven con sabores frescos y frutales.

Gomozo	Vinos pesados, alta presencia de taninos e importante cuerpo.
Fresco	Un vino notablemente ácido, pero cuya acidez no se sobrepone al sabor.
Denso	Un vino con sabores intensos o con colores profundos.
Terroso	Puede resultar una característica tanto positiva como negativa. Puede referirse tanto a una calidad placentera de calidad o a un carácter sucio e impuro.
Fat	Vino lleno de cuerpo con elevado contenido alcohólico.
Temprano	Un vino prematuramente cosechado
Fragrante	Vino con aroma floral o bouquet.
Jammy	Vino dulce, de concentrado sabor a frutas.
Pimientado	Un vino especiado, con sabor a pimienta negra.
Robusto	Un vino intenso de sabores profundos.
Redondo	Un vino con un sabor bien balanceado, suave y lleno de cuerpo.
Suave	Un vino suave y bien balanceado.
Agresivo	Un vino algo elevado en taninos o ácidos.
Plano	Un vino sin sabor debido a la falta de acidez.
Metálico	Un vino con sabor a lata.
Picado	Un vino echado a perder.
Filoso	Un vino con demasiada acidez.

Cristalería

*L*a elección de una copa de vino merece una consideración importante. La copa de vino que utiliza tendrá un efecto sobre el sabor del vino. Si duda de este hecho, compare el mismo vino en copas de cristal fino y luego vierta el mismo vino en copas de baja calidad; usted debería percibir la diferencia. No solo debe comprar copas de cristal, sino las mejores del mercado.

Muchos restaurantes tienen una copa determinada para cada tipo de vino, los tintos, los blancos y los champagnes. Esto es en realidad innecesario. Una copa de 10 onzas con goma de tulipa es apropiada para cualquier vino. Sin embrago, es un detalle agradable utilizar distintas copas para el champagne.

Servicio de Vino

*E*l vino es una sustancia delicada. Se lo debe cuidar y servir adecuadamente para que conserve su sabor intacto tal cual es. Cada vez que se despacha el vino, se lo debe recibir adecuadamente y guardarse en un lugar alejado de la luz, las fuentes de calor y las vibraciones. El vino se debe colocar de costado o en ángulo para mantener el corcho humedecido. Si la botella se colocase parada, el corcho se secaría y se infiltraría aire dentro de la botella echando a perder el sabor del vino.

La consideración más importante a la hora de servir el vino es asegurarse de que sea servido en su temperatura óptima. Mucho del sabor del vino, como el bouquet y el cuerpo, se pierden si es servido demasiado frío o demasiado tibio. La mayoría de la gente sabe que los vinos tintos deben ser servidos a temperatura ambiente, pero

esto presta lugar a la confusión. La "temperatura ambiente" en Europa es de 10 a 15 grados más fría que en América del Norte. Para clarificar, la siguiente lista ofrece las temperaturas optimas de servicio para cada vino. Sin embargo, estas son deben tomarse como reglas arbitrarias, ya que el sabor es una experiencia individual, y los individuos tienen distintas experiencias.

Siempre sirva el vino según la preferencia del cliente.

White and Rosé....................46–50°F
Blanco y rosado ....46–50°F
Vinos tintos ....62–68°F
Champagne y espumantes..42–48°F
(Servir en un balde de hielo con agua)

Siempre pregunte al cliente cuando desea que se le sirva el vino. Los vinos tintos deben abrirse cuanto antes y colocarse en la mesa para que "respiren". Esto se supone que le permite al aire ingresar a la botella y desatar el sabor y bouquet del vino. Muchos expertos insisten en que este paso es innecesario ya que la cantidad de aire que se expone al vino a través del cuello de la botella es en realidad muy pequeña. Aunque resulte efectivo o no, siempre debería hacerse para guardar apariencia. Los vinos blancos y los champagnes pueden necesitar enfriamiento previo al servicio, por lo tanto debe tomar la orden de vinos tan pronto como le sea posible.

Pasos Correctos Para el Servicio de Vinos

1   Siempre coloque una servilleta tras la parte trasera de la botella.
2   Exhiba la botella a la persona que la ordenó (usualmente el anfitrión). Permítale tiempo para examinar la etiqueta; ya que querrá asegurarse que se trata del vino y de la cosecha elegidos.

3   El abridor de vinos utilizado debería ser el cuchillo de bolsillo plegable con el sacacorchos de espiral abierto y los bordes suaves.

4   Con el filo del cuchillo, retire la cápsula y la tapa.

5   Limpie el cuello y la botella con la servilleta.

6   Sostenga la botella con firmeza, y lentamente introduzca el sacacorchos en el centro del corcho. Deténganse cerca de dos tercios del recorrido del corcho. No haga todo de golpe, porque en ese caso caerán pequeñas partículas dentro de la botella.

7   Con la botella sobre la mesa, empuje directo y con firmeza; no jale el corcho violentamente.

8   Luego de abierto el vino, chequee la sequedad del corcho y colóquelo al final de la mesa para que el anfitrión lo examine.

9   Si el huésped está satisfecho, coloque alrededor de una onza en su copa. El debe dar su aprobación al vino antes de servir a cualquier otra persona de la mesa.

10   El cliente cuenta con el derecho de rechazar la botella de vino en cualquier paso del servicio. Sin embargo, una vez que se abre la botella, la única razón para rechazar el vino es que algo esté mal en él, no porque no le agrade. Si se rechaza una botella, el vino se debería quitar de la mesa y llevarse a la cocina donde el gerente pueda examinarlo y actuar en consecuencia. Algunos distribuidores otorgan notas de crédito por las botellas dañadas, sin embargo no tienen la obligación de que así sea, particularmente con botellas viejas y caras.

11   Es primordial servir a las mujeres primero y al anfitrión

último. Cuando termine de verter vino en una copa, dele a la botella un giro ligero para evitar goteos. Siempre sirva el vino con la etiqueta mirando hacia usted.

Apertura de Vinos Espumosos y Champagne

1. Siempre utilice una servilleta detrás de la botella para evitar goteos, y aunque sea de rara ocurrencia, es posible que la botella se quiebre debido a la presión interna que soporta.

2. Quite el precinto y el alambre protector.

3. Quite el corcho girando la botella, no el corcho. Nunca apunte a las personas con el corcho. El corcho se debe quitar lentamente y con cuidado, porque podría explotar y producir un derramamiento de champagne.

4. Se pueden utilizar copas especiales para champagne, sin embargo es perfectamente aceptable servirlo en copas de vino con forma de tulipa.

5 Un corcho atascado puede ser quitado colocando el cuello de la botella bajo vapor de agua caliente por un par de segundos. El calor ejercerá presión en el interior de la botella haciendo más sencilla la extracción del corcho.

Procedimientos Para Verter

Tanto los licores como los comestibles, deben ser dispuestos en porciones para controlar los costos y para mantener consistencia en el producto final. La siguiente reseña de entrenamiento y sugerencias le ayudarán a mantener una consistencia en el fraccionamiento de bebidas del personal de servicio y de bar.

El licor se fracciona no por peso sino por volumen. El volumen se mide en shots o jiggers, medidores de líquidos que oscilan entre la 1/2 onza y las 2 onzas. La mayoría de los restaurantes sirve entre 11/4 y 11/2 onzas por cocktail y un poco menos—11/8 a 11/4 onzas—para tragos mezclados.

El primer paso para desarrollar una política consistente, es la determinación de la cantidad de licor que contiene cada trago. Se sugiere que utilice la cantidad establecida arriba para cada shot. Más de 11/2 onza de licor en un cocktail lo hará demasiado fuerte y dominará sobre el sabor del licor, cosa que a la gente no le importa. Un cocktail que contiene menos de 11/4 onza de licor será muy débil y le puede dar al cliente la impresión de que usted está abaratando costos.

Hay dos maneras básicas de fraccionar/controlar el licor: un dispositivo computarizado y un sistema de vertiente libre. Ambos sistemas tienen sus ventajas y desventajas.

Un dispositivo computarizado es lejos la mejor manera de controlar cada shot de licor vertido. A pesar de que hay muchos modelos y tipos disponibles, todos básicamente operan igual. Cada ítem está enganchado a un tubo que va hasta la barra. Los ítems están escondidos debajo de la barra o detrás de la pared trasera en una habitación contigua. El tubo de la barra está enganchado a un dispositivo de control de vertiente similar al utilizado en las máquinas de refresco. Los pequeños botones en el frente del dispositivo indican los diferentes licores. Cuando el barman presiona un botón, se sirve la medida exacta del licor. El número y tipo del licor que se vierte es registrado automáticamente y escrito con su correspondiente precio. Una cinta se corre simultáneamente mostrando el número actualizado y tipo de cocktails servidos en el transcurso de la noche. Como se establecio previamente, hay muchas variantes de este sistema, pero todos ellos pueden determinar y hubo alguna pérdida de licor. También hay disponibles pequeños vertedores de licor que son simplemente colocados sobre la botella y vierten de a una medida por vez. Resultan efectivos, pero con solo volver a girar la botella, el barman puede servir otro shot.

Hay dos desventajas para el dispositivo computarizado. La primera
y principal: la barra tiende a perder valor estético. Las barras
computarizadas pueden ser aplaudidas por contadores y dueños
de restaurantes, pero son en general detestadas por el público. El
restaurante y lounge deben ser lugares donde la persona puede
refugiarse de la vorágine de los tiempos actuales. El cliente debe
poder disfrutar de un cocktail preparado por un profesional con
amigos en una atmósfera cálida y en un medio agradable. La
última cosa que los clientes quieren ver es un dispositivo con un
tubo conector mientras que unas cuantas luces digitales parpadean
dando un registro. El arte y espectáculo en la mezcla son una parte
importante del ambiente y la atmósfera de un restaurante; una barra
computarizada puede eliminar esta parte integral de la experiencia
de disfrutar un trago.

La segunda desventaja para el sistema computarizado es la inversión
que se hace al adquirirla. A pesar de pagarse a sí misma dentro
de un tiempo de adquirida, es un costoso para un comienzo.
Quizás sea esta la razón por la que la barra computarizada no sean,
por ahora, universalmente utilizados en la industria.

Las dos desventajas de la barra computarizada resultan ser las
ventajas primarias del sistema de libre vertiente. El costo operativo
es ínfimo: unos pocos shots y un vertedor para cada botella es todo
lo que se necesita. El valor estético logrado es inconmensurable. Es

imposible valuar sobre la atmosfera y el gusto. Un buen compromiso es el uso de vertedores de licores para servir porciones exactas. La principal desventaja del sistema de bebidas libres es por supuesto la falta de control y contabilidad para cada medida que se vierte.

Sin embrago, si los barmans están correctamente entrenados y supervisados en los procedimientos descriptos, no habrá problema para controlar el costo y consistencia del producto. Los barmans, tanto como los otros empleados del restaurante, se pueden volver reticentes al uso de los procedimientos en los que fueron entrenados. Este es el motivo por el cual, si hay una operatoria consistente a ser mantenida, la gerencia debe hacer un seguimiento, tomar nota y repasar todos los procedimientos con cada empleado.

Procedimientos de Servicio Libre

Existen dos métodos básicos para verter licores de forma libre. El primero es utilizado por los barmans principiantes e inexperimentados en estos procedimientos. Esta técnica requiere el uso de un vaso shot marcado con una línea que lo atraviesa por lo alto al nivel del shot deseado. El barman solo coloca el vaso de shot sobre la barra o rejilla y vierte el líquido hasta la línea. Luego él o ella vierte los contenidos del vaso shot en el vaso de cocktail sobre el hielo. Este método resulta muy exacto, pero es mucho más lento y mucho menos atractivo estéticamente que el segundo método.

El segundo método requiere de varias semanas de entrenamiento completo. Utilice una botella vacía de licor rellena con agua para practicar como verter. Este método le da al cliente la impresión que usted llenó el shot de una vez y luego, después de vaciarlo, siguió vertiendo licor al cocktail. De hecho, lo que usted hizo fue medir aproximadamente 3/4 de onza en el vaso shot, la vació en el cocktail, y luego colocó la diferencia directamente de la botella al trago, midiendo en silencio para usted, hasta haber completado el shot.

Para Verter

1. Tome la botella por el cuello con su mano derecha (izquierda si es zurdo). Coloque su dedo índice alrededor del pico vertedor.

2. Sostenga el vaso shot de 1/2-onza con su mano izquierda por encima del vaso de cocktail y coloque el pico vertedor dentro del shot. Comience a verter. Cuando esta vertiendo, incline el shot. Cuando la capacidad se está aproximando a su fin, derrame el contenido al vaso de cocktail. Mientras tanto siga apuntando con el pico vertedor dentro del vaso. En este punto usted habrá vertido sutilmente menos de 1/2 onza.

3. La diferencia se hará ahora al verter directamente de la botella al cocktail. Para medir exactamente la cantidad a verter al vaso de cocktail directamente, cuente para sí mismo al vertir. Para determinar el conteo correcto del remanente 1/2 a 3/4 de onza, pruebe de contar mientras vierte en un shot marcado con la línea.

Los barmans deben ser testeados periódicamente para asegurarse que viertan el número de shots correcto para cada botella. Este es el número que determina directamente el precio de cada trago. Para computar el número de shots que se obtienen por botella, divida el volumen de la botella en onzas del tamaño del shot promedio vertido. Los picos vertedores están disponibles en una variedad de velocidades: rápido, medio y lento; también hay una amplia variedad de picos para jugos. La velocidad con la que corre el licor está determinada por el tamaño del agujero de aire en el pico vertedor. Cubrir parcialmente este agujero al verter regula el flujo. Los picos vertedores rápidos deben utilizarse para licores espesos tipo jarabe, como los cordiales. Los picos vertedores medios deberían utilizarse en la mayoría de las botellas. Los picos lentos deben utilizarse para cualquier licor que se vierta en un shot que contenga menos de 11/8 onzas. Algunos brandys y cordiales caros a menudo se sirven solamente de 1 onza. Un verter lento da el efecto de una servicio generoso.

Ayuda Sobre la Organización de la Barra

- Coloque los vasos y el hielo primero.

- Luego haga las mezclas.

- Una vez que agarra el vaso shot, no lo baje hasta que no haya vertido el contenido por completo.

- Cuando toma una botella, vierta dentro de todos los vasos que sean necesarios.

- Deje al menos 1/4 de pulgada de espacio arriba de cada cocktail para decoración, sorbetes, etc.

Servicio de Cerveza de Barril

La cerveza de barril debería servirse de modo tal que produzca una cabeza que sobresalga de la parte superior del vaso o jarra. Esta "cabeza" se asentará a 3/4 de pulgada en pocos minutos. Esta cabeza o espuma tiene tanto valor estético como económico.

El tamaño de la cabeza es controlado por el ángulo entre el vaso y el pico al comenzar a servir. Si la cabeza es muy pequeña, significa que usted esta vertiendo más cerveza en los vasos; esto tendrá como consecuencia un margen de ganancias inferior por barril. Al estar tragando el cliente el gas CO_2 que normalmente se escapa con la cabeza, probablemente tomará menos. Una cabeza demasiado grande le da al cliente la impresión de que usted está intentando abaratar costos jugando con la calidad.

La consideración más importante al servir cerveza es utilizar vasos fríos y limpios. Algunos vasos que parecen limpios pueden contener vestigios residuales de detergente o grasa. La huella más sutil de estos agentes romperá la cabeza y las burbujas de la cerveza, dejando un producto de apariencia rancia. Cada vaso a utilizar debería enjuagarse con agua fría y fresca antes de su rellenado. Siempre utilice un nuevo vaso para cada cerveza que se ordena.

La temperatura a la que se sirve la cerveza es también un factor crucial. Para asegurarse de brindar el sabor adecuado, toda la cerveza debe ser servida a 40°F. Cuando la cerveza se sirve por debajo de los 38°F pierde su gusto distintivo y aroma. La cerveza servida por encima de los 42°F se puede volver nublosa y perderá su vigor y sabor. La cerveza de barril no es pasteurizada, por lo tanto debe ser mantenida a una temperatura constante. Todos los enfriadores de cerveza deberían programarse a los 38°F de manera tal que la temperatura óptima de servicio pueda ser mantenida. Recuerde siempre utilizar vasos o chopps helados (con vidrio grueso y manijas) para ayudar a mantener a la cerveza a una temperatura fría constante.

Las líneas de cerveza deben ser higienizadas semanalmente, al igual que los refrescos de máquina. La cerveza requiere de un servicio profesional para su limpieza

Su distribuidor cervecero puede recomendarle una compañía de confianza.

Sirviendo una Cerveza de Barril Perfecta

Servir una cerveza perfecta bajando la manija requiere de habilidad, pero esa habilidad se consigue con la práctica. Los procedimientos listados debajo ofrecen algunos consejos para la maximización del servicio de cerveza de barril.

- Comience con vasos "limpios" de cerveza.

- El tamaño de la cabeza es determinado por el ángulo en

el cual en vaso es sostenido debajo del pico vertedor al comienzo de la de barril (nunca permita que el vaso entre en contacto directo con el pico). Si el vaso se sostiene en ángulo agudo de manera tal que la cerveza fluya hacia abajo por los laterales del vaso, habrá muy poca cabeza o tal vez ninguna. Por el contrario, si el vaso se mantiene derecho y la cerveza salpica directamente desde el fondo del vaso, habrá una cabeza grande.

• Para vasos con fondo plano (como un hourglass): Abra la canilla sosteniendo la manija por la base y empujándola rápidamente (tomar la manija de la canilla desde lo alto dará como resultado una espuma demasiado abundante). Incline el vaso a un ángulo de 45° al principio de la vertiente y luego enderécelo de manera tal que la cerveza salpique directamente dentro del vaso. El espesor de la cabeza resultante debería ser de entre 1/2 y 1 pulgada.

• Para vasos con base ancha (como el schooner o la copa goblet): No incline el vaso en ningún momento. Abra la canilla como se indica arriba y deje que la cerveza vaya directamente al fondo del vaso. El resultado obtenido debería ser una cabeza de 1/2- a 1 pulgada.

Tenga en cuenta que los vasos que no hayan sido previamente enfriados tendrán un efecto calentador en la cerveza.

Un vaso fino a temperatura ambiente aumenta la temperatura de la cerveza en 2°F. Un vaso de cerveza o chopp no enfriado aumentará la temperatura de la cerveza entre 4 −6°F.

Problemas Comunes de Abastecimiento de Cerveza

Cerveza sin gas

• Los vasos no son aptos para cerveza.

- No hay suficiente presión de CO2.

- La Presión se perdió al cerrarla

- El sistema de enfriamiento o abastecimiento está demasiado frío.

- Pérdida de presión por los tubos o barriles.

- Tapa o conexiones de presión flojas.

- Valvula de Presión defectuosa.

- Regulador de presión flojo.

- Obstrucción en la línea cercana al barril.

- Compresor demasiado pequeño o ineficiente

- Larga exposición a aire en lugar a presión de gas CO2.

Espuma Débil (Se Asienta Rápidamente)

- La presión requerida no corresponde a la temperatura de la cerveza (el sistema no está balanceado).

- Los tubos que transportan la cerveza no están tan fríos como la cerveza en el barril.

- Cerveza de barril desde tubos de diámetro pequeño a largas canillas o picos.

Cerveza Imposible de Tomar

- Canillas sucias.

- Sistema de cerveza sucio.

- Serpentinas no limpiadas correctamente.

- No se limpian las líneas que transportan cerveza luego del vaciado de cada barril.

- Se deja agua en las líneas de cerveza por la noche.

- Condiciones infrasanitarias en el bar.

- Aire rancio o suciedad en las líneas o en el aire del tanque.

- Aire aceitoso proveniente de la cocina.

- Ubicación impropia, mantenimiento y lubricación de la bomba de aire.

- No ingresa aire fresco a la bomba de aire.

- No se purga la condensación del tanque compresor de almacenamiento.

- Temperatura muy tibia de la cerveza en el barril.

- Vasos secos.

Cerveza Agria
Si el problema es la cerveza agria, la dificultad se debe a la temperatura del barril, ya sea en el restaurante o bar, en el depósito del distribuidor o en la ruta. La cerveza debería siempre mantenerse entre 36° y 38°F. Nunca debería llegar a calentarse hasta los 50°F o más por

ningún espacio de tiempo, ya que esto puede dar comienzo a una segunda fermentación.

Decoración de Tragos

Crema batida real

Todos los tragos que incluyen café y muchos tragos obtenidos de mezclas contienen crema como ingrediente o decoración. La crema batida real es simple y económica para preparar. Una alternativa de la crema batida real es el ampliamente utilizado aerosol de crema (usualmente no láctea). La crema batida real es superior a la enlatada. El gusto, textura y calidad de los ingredientes son incomparables.

Aunque existen varias recetas, la crema real batida esta hecha básicamente con azúcar y vainilla. La crema real batida se utiliza a menudo en la cocina para decoración de postres y otros fines. Para preparar, bata estos ingredientes en un recipiente mezclador por varios minutos.

Tenga cuidado de no excederse con el batido. La crema real batida también se puede lograr batiendo los ingredientes en la mezcladora del bar.

Jugos recién exprimidos

Una demostración de calidad que se puede brindar es el uso de jugos recién exprimidos. Durante toda la noche, el barman puede extraer jugo fresco para cocktails utilizando jugo de naranjas, uvas, limones y limas. El costo adicional de utilizar jugos frescos se traslada al cliente con la implementación de precios más elevados. Cualquier proveedor importante en el servicio de comidas le puede facilitar un extractor. Coméntele a su proveedor de sus intenciones; asegúrese que el o ella esté en condiciones de abastecer a su restaurante de fruta fresca a lo largo del año a un precio razonable.

El proveedor debe estar en condiciones de ofrecer un descuento por la fruta machucada o lastimada que, por su apariencia, no pueda ser vendida como grado de consumo A-1 pero resulte apta para extracción de jugos.

La decoración vende al trago

La decoración es parte del entretenimiento de los tragos. No hay nada peor que un cliente vea elementos de decoración de tragos en una bandeja que haya sobrado de la noche anterior. Y mucho menos si esos elementos van a parar a su trago. La decoración vieja no solo luce mal sino que también arruina la operatoria y derrocha dinero. Calcule cuanto va a necesitar y corte la cantidad justa.

Las cabezas se dan vuelta para observar cuando los clientes vislumbran un par de anteojos o animales de plástico colgando de un cocktail. Trate de utilizar hielo seco; decoración triple de naranjas, rodajas de lima y de limón; algunas uvas para el vaso de vino; una selección de aceitunas, rellenas con almendra o ajo; un poco de cáscara de limón retorcida que envuelva un jarro de café; un palillo con cerezas de gran tamaño; o un repollito. Las decoraciones le dan un acabado especial y mucho estilo y pueden convertirse en su sello particular. Sea creativo: hojee algunos libros sobre decoración de comidas y permítale a su chef aporte algunas ideas.

Mejorando la Calidad del Trago

Algunos Toques de Calidad Remarcables

Algunas veces el único elemento que separa a los restaurantes exitosos de los fracasados son los pequeños toques profesionales de excelencia. Este esfuerzo extra implica que un tremendo esfuerzo fue hecho para lograr lo mejor en lo que se refiere a calidad. Estos signos sutiles de preocupación son más importantes en el area del bar y del lobby, donde el producto se prepara y se sirve ante los ojos de los clientes. Un barman profesional y un mesero cortes de cocktail se puede encontrar en cualquier restaurante bien gerenciado. Sin embargo, son los toques extremadamente sutiles touches y los procedimientos extra los que separan a los lounges buenos de los extraordinarios. Descriptas en esta sección hay algunas muestras de sugerencias económicas que le darán a su bar y lounge los toques extra—el acabado—que distingue a su establecimiento del resto.

Calentamiento de Vasos de Brandy

Los vasos de brandy siempre deberían calentarse antes de verter brandy o algunos cordiales. El brandy calentado en un vaso tibio tiene un aroma más fuerte y un sabor preferido por mucha gente. Para entibiar el vaso de brandy, vierta agua casi a punto de ebullición en un tercio del vaso. Deje reposar por dos o tres minutos. Antes de usar, seque el vaso con una toalla de bar. Los vasos para café también deben precalentarse como se recomienda para mantener la temperatura del café.

Usted también puede recalentar los vasos llenándolos con agua de la canilla y dándoles un golpe de microondas 15–30 segundos.

Jarros de Cerveza Helados

Los jarros de cerveza y los vasos deberían enfriarse antes de usarse. Aparte de conferir un valor estético a la cerveza, los vasos helados ayudan a mantenerla en un grado de temperatura óptima para el consumo.

Mantenga helados una cantidad de jarros a temperaturas de entre 31 –33°F. Cuando se retiren los jarros y vasos del lugar donde se enfrían, estos se condensarán, dejando al vaso helado con una capa fina de hielo. Los vasos deben ingresar secos para su enfriamiento. Si tuvieran gotas de un lavado reciente, el agua de la gota se congelará sobre el jarro y creará un excedente. Al perder frío por el calor de la cerveza, éste hielo se derretirá y diluirá a la cerveza privando al cliente de su delicado sabor.

Cocktails Congelados Vasos directos

Los vasos congelados de cocktails deben mantenerse con hielo, ya que los cocktails en sí mismos no contienen hielo. Estos vasos se utilizan casi exclusivamente para martinis directos, Manhattans, gibsons y margaritas. Si no se cuenta con un lugar especial para dejar que los vasos se congelen, entiérrelos en hielo molido. Los

vasos deben batirse hasta que no
contengan hielo antes de utilizarse.

Licores en Llamas

Algunos cocktails requieren
inflamarse antes de servirse. Se debe
tener extremo cuidado al manejar
estos cocktail, tanto clientes como
empleados. Precaliente el vaso y
entibie todo el cocktail antes de
encenderlo. Quite la cuchara del
cocktail y enciéndalo. Vuelque el
líquido en llamas cuidadosamente
dentro del cocktail.

Las regulaciones con respecto al uso del fuego abierto pueden estar
prohibidas, por ejemplo tener velas encendidas, y comida o licores
en llamas. Contacte al departamento de fuego local para saber más
acerca de estas restricciones.

Daiquiris de Fruta Fresca

Los daiquiris realizados con frutas frescas resultan incomparables
en calidad a aquellos obtenidos de licores con sabor a fruta.
Desafortunadamente, la mayoría de los bares optan por realizar
la segunda opción. Además de resultar una mala interpretación,
sustituir las frutas originales por licores de fruta saborizados es
innecesario. La fruta fresca se puede encontrar con facilidad a lo
largo de todo el año. El pequeño costo adicional y la molestia no
se comparan en relación al producto de calidad que se obtiene al
utilizar la fruta fresca.

La cristalería es un punto importante a considerar al promover
tragos especiales. Es esencial contar con un vaso apropiado para
cada trago. La apariencia y presentación son casi tan importantes
como el mismísimo gusto del trago. Como toque final, utilice un
trozo de fruta fresca cortada para decorar el borde del vaso.
Los daiquiris de fruta fresca y demás tragos especiales deben ser
promovidos; estos cocktails son ítems muy populares que dejan un

buen margen de ganancias. Sea creativo: desarrolle especialidades de la casa y llámelos con nombres exóticos. Los empleados deben mostrarse entusiastas acerca de la promoción para convertirla en éxito. Motívelos a vender a través de incentivos monetarios. Permítales degustar los diferentes tragos especiales; si les agradan, los promoverán con vigor. Señáleles que mientras más elevada resulte la cuenta, mayor será la propina que reciban.

Cordiales Flotantes–Pousse Cafe

Los cordiales servidos que resultan más atractivos son aquellos que presentan una variedad de licores dispuestos en distintas capas, una sobre otra en el mismo vaso. Esta presentación asombra a los clientes y enorgullece al barman y al restaurante. Aunque esto parezca complicado—y hasta imposible— de lograr, el "flotado" es bastante simple de conseguir. Los licores y los cordiales tienen diferentes densidades, por lo tanto se deben utilizar licores de bajas densidades para que "floten" por encima de aquellos con una densidad mayor. El truco está en verter el licor cuidadosamente por encima del precedente. Esto se realiza con mayor facilidad si se vierte cada licor sobre una cuchara invertida. La parte redondeada de la cuchara difundirá el líquido y no ocurrirá mezcla alguna. Asegúrese que todos los ingredientes dados en la receta se viertan en el orden exacto.

Toma de Órdenes de Bebidas

La siguiente lista contiene algunas abreviaturas útiles de uso común para la toma de ordenes de tragos.

INTRUCCIONES DE SERVICIO

Back	Bk
Blended	Blnd
Double	Dbl
Dry	Dry

Extra Dry..xDry

Mist... Mist

Neat... Nt

Perfect..Perf

Rocks X

Shot ....Sht

Splash .... Spl

Tall ....Tall

Virgin ....Vgn

With.. w/

ABREVIACIONES DE WELL LIQUOR

Bourbon ....B

Brandy ....Br

Gin..G

Rum ....R

Scotch .... S

Tequila ....Teq

Vodka..V

ABREVIACIONES DE LA LICUADORA

Coffee ....Cof

Coke../C

Cranberry juice ..../Crn

Diet Coke .... /Diet or /DC

Ginger ale .... /Gngr

Grapefruit juice.. /Grp

Half & Half .... /Cr

Orange juice .... /OJ

Pineapple juice.. /Pine

Soda water or seltzer... /s

7-Up .... /7

Sweet and Sour.. /SS

Tomato juice .... /Tm

Water.. W

ABREVIACIONES DE NOMBRES DE TRAGOS

Black Russian.. Bl Rs

Bloody Maria .... B Maria

Bloody Mary.. B Mary

Brandy Alexander .... B Alex

Brandy Manhattan.. Br–Man

Cosmopolitan.. Cosmo

Daiquiri .... Daq

Dry Manhattan.. Dry–Man

Dry Martini .... Dry–Mar

Fuzzy Navel... Fuzzy

Golden Cadillac... G Cad

Grasshopper.. Grass

Greyhound .... Grey or V–Grape

Harvey Wallbanger.. Harv

Irish Coffee .... Irish C

John Collins .... John C

Kamikaze .... Kami

Lemon Drop .... Lem D

Long Island Iced Tea .... Tea

Manhattan .... Man

Margarita .... Marg

Martini .... Marti

Old Fashioned .... OF

Piña Colada .... Piña

Pink Lady .... P Lady

Pink Squirrel .... Sqrl

Presbyterian .... Press

Rob Roy .... R Rob

Rusty Nail .... Nail

Screwdriver .... V–OJ

Seabreeze .... Breeze

Singapore Sling .... Sling

Sombrero .... Kah–Cr

Stinger .... Sting

Tequila Sunrise .... T Sun

Toasted Almond .... TA

Tom Collins .... Tom C

Vodka Gimlet .... V–Gim

Vodka Martini .... V–Marti

White Russian .... W–Russ

LICORES DE MARCA

Absolut 80°.. Absol

Absolut Citron...Ab Citron

Absolut Mandarin.. Ab Mand

Absolut Peppar ....Ab Peppar

Bacardi Light Rum .... Bac

Bacardi Limon...Bac Limon

Bacardi Select...Bac Select

Bailey's Irish Cream .... Baileys

Beefeater .... Beef

Belvedere Vodka .... Belved

Benedictine & Brandy .... B&B

Benedictine.. Bene

Bombay Sapphire..Bom Sapph

Bombay.. Bom

Booker Noe Bourbon... Booker

Bushmill's Irish.. Bush

Canadian Club CC

Chivas Regal ....Chivas

Chivas Royal Salute .... Salute

Chopin Vodka...Chopin

Cointreau ....Coin

Courvoisier VS...Cour VS

Courvoisier VSOP ....Cour VSOP

Crown Royal ....Crown

Cuervo 1800 1800

Cuervo Esp. Tequila ....Gold

Cutty Sark ....Cutty

Dewar's White.. Dewars

Di Saranno Amaretto ....Amo

Drambuie ....Dram

E & J Brandy .... E&J

Frangelico .... Fran

Galliano ....Gall

Gentleman Jack ....Gentleman

Glenfiddich... Fiddich

Glenlivet ....Livet

Glenmorangie ....Moran

Godiva Chocolate .... Godiva

Goldschlager..Schlager

Grand Marnier ....Marnier

Herradura Tequila.. Herradura

Irish Mist.. Mist

J & B ....JB

J. Walker Black Label ....Black

J. Walker Blue Label .... Blue

J. Walker Gold Label............................... Gold Label

J. Walker Red Label ....Red

Jack Daniel's .... Jack

Jägermeister..Jäger

Jameson Irish .... Jameson

Jim Beam Bourbon... Beam

Kahlúa... Kahlua

Leyden Gin.. Leyden

Maker's Mark..Makers

Midori ....Midori

Myers's Jamaican..Myers

Ouzo ....Ouzo

Patrón Tequila ....Patron

Peppermint Schnapps .... Pep Snp

Pinch 12-Year Scotch .... Pinch

Rumple Minze.. Rumple

Sauza Hornitos... Horn

Sauza Triada..Triada

Seagram's Seven...s7

Seagram's V.O. .... VO

Smirnoff ....Smirnoff

Smirnoff Black.. Smir Black

Southern Comfort .... Comfort

Stolichnaya .... Stoli

Stolichnaya Gold ....Stoli Gold

Stolichnaya Ohranj.. Ohranj

Stolichnaya Pertsovka......................................Pertsovka

Tanqueray Gin..Tanq

Tanqueray Malacca...Malacca

Tanqueray Ten .... Tanq 10

Tia Maria..Tia

Van Gogh Gin .... Van Gogh

Wild Turkey 101 .... Turk 101

Wild Turkey 80 .... Turk 80

Wild Turkey Rare Breed ....Rare

Yukon Jack .... Yukon

Capítulo 14

Bus

$\mathcal{E}$l bus es quien tiene una de las funciones menos glamorosas del restaurante, pero, realiza sin embargo una función muy importante. La tarea principal del bus es la de montar y limpiar las mesas para los clientes. La limpieza de mesas, colocación de platería y vasos de agua y reposición de velas u otros centros de mesa, cuando sea necesario también es su deber. Los buses son a menudo meseros en entrenamiento, y también pueden cruzar entrenamiento para realizar las tareas de atrás de la barra. Los buses también a menudo asisten al lavaplatos y pueden ayudar al recepcionista.

Primeras Impresiones

El bus es el responsable de la apariencia y flujo de su establecimiento de servicio de comidas. No es atractivo para los clientes ver migajas en el piso y mesas con platos sucios. Además, si las mesas no son limpiadas con rapidez, se puede incrementar el tiempo de espera. Las mesas con platos limpios, cristalería reluciente y manteles limpios contribuyen a dar una apariencia atractiva a su restaurante. Un bus que ejerce su trabajo mediocremente puede dar la impresión de un restaurante descuidado.

El bus también debe estar entrenado para manipular platos cuidadosamente para evitar rupturas. El o ella también puede constatar la existencia de los platos y vasos que no deberían ser utilizados más y ser descartados.

Trabajo en Equipo

 Es muy importante para los meseros, buses y empleados en general trabajar en equipo para brindar el mejor servicio. Trabajar y pensar como equipo ayuda a crear una atmósfera de colaboración, que ayudará al restaurante a aumentar sus ganancias. El trabajo en equipo puede incrementar la productividad, mejorar la toma de decisiones, maximizar el uso de recursos humanos y dar un mejor uso al inventario. Haga de la resolución de problemas una función automática del trabajo diario mediante el trabajo en equipo. El servicio al cliente también se beneficia de un afianzado trabajo de equipo.

Responsabilidades

El bus debe estar focalizado en los detalles. A continuación se especifican las responsabilidades que recaen sobre el anfitrión.

Chequear y Limpiar las Áreas Públicas

- Aspirar los pisos del salón (si hay alfombras) o barra, asegurándose de remover desperdicios y manchas. Si pasa un trapo, asegúrese de utilizar el cartel de "Cuidado—Piso mojado".

- Al limpiar, mueva las sillas y mesas si necesita hacerlo y asegúrese de verificar que no queden debajo de las mesas desperdicios ni derrames de líquidos.

- Aspire, barra o pase un trapo en el área del lobby, verifique que no queden desperdicios ni derrames de líquidos

Limpieza de mesas y sillas

- Limpie todas las mesas y sillas del salón y todas las sillas del lobby con un trapo seco y limpio, incluyendo las patas de las sillas, los respaldos y los asientos.

- Limpie las sillas para niños con una solución sanitizante (muchos niños comen directamente de las bandejas)

- Verifique que no haya goma de mascar adherida debajo de mesas y sillas.

- Chequee que las sillas para niños se encuentren en perfecto estado. Caso contrario, repórtelo a su gerente.

Montaje de las mesas

- Coloque los manteles de la medida correcta sobre todas las mesas del salón. Asegúrese que no estén manchados ni presenten agujeros o arrugas.

- Coloque los centros de mesa, saleros y pimenteros y condimentos en la mesa. Asegúrese que todos se encuentre llenos y limpios.

- Coloque la platería y vasos en las mesas según la cantidad que sea necesaria. No utilice cristalería o platería sucia o lastimada.

Desmonte y Montaje de Mesas

- Reúna los items que necesita para montar las mesas durante toda la noche (bandejas, platería limpia, vasos limpios, nuevos condimentos, etc.).

- Limpie la mesa y móntela dentro de los cinco minutos de que el cliente la haya abandonado. Este procedimiento se debe realizar con la mayor calma posible para no molestar a los otros clientes.

- Separe las sobras de comida. Haga esto fuera de la vista de los clientes. Si no puede hacerlo en el salón por la mirada de los clientes, espere y hágalo en la cocina.

- Coloque los platos sucios, la platería y los objetos de vidrio, cuidadosamente en la bandeja para que nada se rompa.

- Limpie la mesa con un trapo húmedo en solución sanitizante si no hubiera mantel o reemplace el mantel en caso de que sea necesario.

- Limpie los contenedores de condimentos.

- Monte nuevamente la mesa, asegurándose que todos los elementos colocados no estén ni sucios ni rotos.

- Limpie las sillas y observe el piso debajo de la mesa, barra con una escoba en caso de que hubiesen migajas debajo de la mesa.

Capítulo 15

Sanidad y Seguridad

Seguridad

En el lugar de trabajo ocurren accidentes. La manera en la que usted responde ante ellos puede marcar la diferencia entre la vida y la muerte. La primera cosa que se debe hacer es tener un plan de seguridad en el lugar y entrenar a los meseros para que conozcan y comprendan los elementos del plan para poder responder con calma y rapidez.

Usted también puede querer contar con una agencia externa como por ejemplo La Cruz Roja de América o su departamento de bomberos local para el entrenamiento en seguridad.

Cruz Roja

La Cruz Roja se puede asegurar que sus meseros conozcan precauciones universales, primeros auxilios, maniobra abdominal y RCP. Usted puede contactar a la Cruz Roja en www.redcross.org

Departamento de bomberos

Su departamento de bomberos local le dará a sus empleados entrenamiento sin cargo sobre el uso correcto de extintores. El fuego se origina en el servicio de comidas más que en ningún otro tipo de operación comercial. Los extintores deben estar disponibles en todas las áreas donde haya posibilidad de incendio, especialmente en la cocina cerca de las parrillas y las freidoras. Pero tenga cuidado de no colocar a los extintores demasiado cerca del equipamiento y que en caso de necesitarse sean inaccesibles debido a su cercanía al fuego. Todos los empleados deberían ser entrenados en prevención de incendios, en el uso de extintores y en procedimientos de evacuación. Recuerde, ¡siempre ante todo comuníquese con el departamento local de bomberos, antes de utilizar un extintor!

OSHA

La OSHA (Agencia de seguridad y salud ocupacional) también puede proveerle información para el entrenamiento en seguridad. La Occupational Safety and Health Agency (OSHA) es la agencia federal que vela por la seguridad en los lugares de trabajo. Asegúrese que cumple con todas las regulaciones. Para saber más sobre requerimientos para establecimientos de servicio de comidas y para explorar los materiales de entrenamiento que ellos ofrecen, visitelos online en www.osha.gov.

Prevención de accidentes

Los accidentes son tanto peligrosos como costosos. La mayoría de los accidentes son evitables ya que son los resultados de actos descuidados como:

- Falla al no limpiar inmediatamente los derrames en el piso para evitar que alguien resbale.

- Falla al no colocar los ceniceros y platos en la parte más lejana de las mesas o mostradores para evitar que sean arrastrados al pasar.

- Cargar las bandejas de manera incorrecta obteniendo como resultado que los platos resbalen y caigan.

- Apilar los platos de tal manera que se caigan.

- No se colocan las tazas con las manijas orientadas en distintas direcciones para darles estabilidad.

- Se apilan los platos descuidadamente pudiendo provocar esto la caída de los mismos.

- Transportar varios vasos de agua en los dedos de manera tal que los bordes se toquen (esta forma de transporte frecuentemente los raja o los rompe).

- Se deben retirar del paso los mangos y manijas.

- Dejar las puertas de armarios abiertas de modo que quien pasa se golpee y lastime.

- No se respetan los senderos de entrada y salida de la cocina: se debe ingresar ("Para adentro") y salir de la cocina ("Para afuera"). (Si hubiera una sola puerta, ábrala con cuidado para evitar golpear a alguien que pueda estar cerca del otro lado.)

- No observar el movimiento de otros compañeros cercanos,

y ponerse en el camino de los otros sin advertirles de su presencia.

- No advertir a los clientes cuando platos, contenedores o manijas estén muy calientes.

- No se toman con una toalla los platos calientes ni las asas para evitar quemaduras.

Malos Movimientos

Cargar equipamiento o ítems comestibles demasiado pesados puede traer como consecuencia dolor en los brazos, piernas o espalda. Para prevenir los malos movimientos:

- Guarde los objetos pesados en estantes bajos.

- Utilice carritos para mover objetos demasiado pesados para su acarreo.

- Utilice carros con estantes firmes y ruedas que funcionen correctamente para trasladar objetos de un área a otra.

- No transporte demasiados objetos por vez; utilice un carro.

- No intente levantar usted solo objetos grandes o pesados.

- Utilice las técnicas apropiadas de levantamiento; recuerde agacharse sobre sus rodillas, no encorvando su espalda.

Resbalones y Caídas

Alguien que resbala y cae al piso puede lastimarse seriamente. Asegúrese que su establecimiento esté libre de riesgos que coloquen a los trabajadores y a los clientes en peligro. Para evitar resbalones y caídas:

- Limpie los charcos mojados y derrames inmediatamente.

- Informe a la gente cuando haya un piso mojado. Utilice señales que adviertan la situación y disemínelas. Utilice calzado con suela anti-resbalante.

- No apile cajas u objetos en pilas demasiado altas; se podrían caer y hacer que la gente se lastime.

- Mantenga cajas, escaleras, tarimas y carritos alejados de las vías de circulación.

Atoramiento

Cuando éramos niños, probablemente todos escuchamos a nuestros padres decir: "¡No comas tan deprisa! ¡Mastica bien la comida!" También probablemente agregaron, "¡No platiques mientras comes!," y "¡Toma tu leche con cuidado!" Son Buenos consejos para niños—y también para adultos. Cualquiera se puede atragantar con comida si no se es cuidadoso. Aproximadamente 4,000 personas mueren por año en los Estados Unidos por atragantamiento accidental. Eso explica el porque una parte importante de la seguridad del servicio es estar alerta de sus clientes. Aquí se presenta lo que hay que mirar y lo que hay que hacer:

- Si una persona se lleva ambas manos a la garganta y no puede hablar ni toser, probablemente esté atragantada.

- Si esta persona puede hablar, toser o respirar, no lo/la

palmee en la espalda ni interfiera de ninguna manera.

- Si esta persona no puede hablar, toser ni respirar, usted necesitará hacer algo. Utilice la maniobra de Heimlich y pida ayuda de inmediato.

- Usted también puede hacer un simulacro para demostrarle a sus empleados un caso de atoramiento. El kit de ayuda para atoramiento es un aparato aliviador aprobado y patentado por la FDA. Con un diseño patentado con manijas de alcance extensibles y un sistema de energía flexible, posibilita salvar a una victima de atoramiento segura y efectivamente. El kit viene con un instructivo completo, que incluye una montura de pared, un instructivo, un póster y un video que describe en detalle como auxiliar a una victima de atoramiento con o sin el aparato. Su establecimiento necesita al menos uno de estos kits en cada puesto de trabajo (ordene en línea en www. atlantic-pub.com).

Exposición a Químicos Peligrosos

La exposición indebida a agentes de limpieza, pesticidas químicos y sanitizantes químicos puede causar heridas en la piel y envenenamiento. Para proteger a los trabajadores de la exposición a materiales peligrosos, se necesitan tomar precauciones especiales, incluyendo aquellas ya estipuladas en la ley.

Por ejemplo, el Departamento de Trabajo de Estados Unidos - OSHA exige que los establecimientos de servicio de comidas mantengan un inventario constante de todos los materiales peligrosos.

Los trabajadores manuales deben asegurarse que los químicos peligrosos se encuentren bien etiquetados y deben llevar una hoja con información acerca de la seguridad de los materiales (MSDS) que debe actualizarse en un archivo en el establecimiento de servicio de comidas. Las hojas MSDS contienen el nombre químico del producto y los peligros físicos que ocasiona, los riesgos para la salud que representa y los procedimientos de emergencia en caso de exposición.

La información acerca de cada químico—incluyendo su nombre genérico, si es que se utiliza, quien está autorizado para utilizarlo, y la planilla de información

MSDS—también deben ser entregados a los trabajadores. Para prevenir la exposición inadecuada a materiales peligrosos, asegúrese que:

- Solo los trabajadores especialmente entrenados manipulen materiales peligrosos.

- Los empleados utilicen un equipamiento de seguridad al trabajar con materiales peligrosos.

- Los empleados utilicen guantes no porosos y antiparras al trabajar con agentes sanitizantes y otros limpiadores.

Siga los siguientes pasos al utilizar materiales peligrosos:

1. Pregunte a su supervisor cualquier pregunta que tenga acerca de una sustancia.

2. No guarde los químicos cerca de los comestibles, ni de las áreas de preparación y servicio de comidas.

3. Siga las instrucciones de la etiqueta para darle un uso y almacenamiento apropiados .

4. Nunca deje aerosoles cerca de llamas o fuentes de calor.

5. No guarde químicos en recipientes sin etiquetas.

6. Conozca los procedimientos de emergencia y sepa a quien acudir en caso de una.

7. No mezcle químicos.

8. Lea las etiquetas de los químicos antes de proceder a su utilización.

9. Lee como deshacerse de los contenedores vacíos antes de arrojarlos al cesto de residuos.

10. Sepa que las hojas con información acerca de seguridad de materiales (Material Safety Data Sheets - MSDS) están exhibidas y léalas!

Como leer la MSDS

Hay seis partes de MSDS que le brindan instrucciones para una manipulación segura:

1. Nombre del producto.

2. Si el producto es inflamable.

3. ¿Cuál es el riego para la salud en caso de que ocurra una sobreexposición?

4. Pasos a seguir en caso de derramamientos.

5. Protección especial necesaria para la utilización de la sustancia (guantes, antiparras, etc.).

6. Se debe prestar especial atención al manipular y almacenar químicos.

Cada empleado del restaurante es responsable de la preparación y calidad del servicio y seguridad de los productos comestibles. Cada empleado debe estar lo suficientemente familiarizado con la seguridad básica de los alimentos y las prácticas de sanidad. Este capítulo describirá los métodos y procedimientos fundamentales que deben ponerse en práctica para controlar la contaminación de los comestibles, la diseminación de enfermedades contagiosas y las prácticas de seguridad personal.

La gerencia debe brindar a los empleados el entrenamiento, el conocimiento y las herramientas que les permitirán establecer y poner en practica el manejo apropiado de la comida y los procedimientos sanitarios. Mediante el uso de esta sección y bajo la guía de su departamento local de salud, usted y su personal pueden obtener entrenamiento y conocimiento. Primero, sin embargo, el restaurante debe estar equipado con las herramientas, el entrenamiento y condiciones de trabajo apropiadas. Los empleados nunca pueden seguir los procedimientos sanitarios correctos si ellos no cuentan antes con el medio apropiado para su concreción.

Además de lo exigido por ley, la gerencia debería ofrecer materiales de entrenamiento, sesiones de entrenamiento o clínicas, piletas para las manos en cada estación, cepillos de manos y uñas, etiquetas para los procedimientos de fechado y rotación, toallas descartables, guantes, kits de primeros auxilios, jabón para manos germicida, sanitarios para uso de empleados y lockers, cepillos para resfregar, uniformes, redecillas para el pelo, termómetros, kits de prueba, y utensilios de calidad codificados con colores.

Los establecimientos del servicio de comidas pueden albergar todo tipo de bacterias, insectos y pestes animales. Los restaurantes pueden atraer a estos peligros que atentan contra la salud ya que cuentan con los tres elementos necesario para la vida: comida, agua y calor. Cualquier medio que provea esos tres elementos por un período extendido de tiempo será huésped de esos intrusos. Para eliminar la contaminación, todo lo que se necesita es tornar desfavorables las condiciones de vida para esos intrusos indeseados.

¿Qué es el HACCP?

El HACCP (Análisis de puntos críticos de control de riesgos - Hazard Analysis of Critical Control Points) es un sistema de monitoreo del proceso del servicio de comidas con el propósito de reducir el riesgo de ocurrencia de enfermedades provenientes de la comida. El HACCP se focaliza en el curso que la comida sigue durante los procesos que tienen lugar entre la compra y el servicio. En cada paso del proceso de preparación de la comida hay una variedad de riesgos potenciales. El HACCP le da a la gerencia un marco de trabajo para la implementación de procedimientos de control para cada riesgo. A través de la identificación de los puntos de control críticos (también conocidos como CCPs). En estos puntos del proceso es donde las bacterias u otros organismos dañinos pueden desarrollarse y contaminar la comida.

¿Porqué Utilizar HACCP en su Local?

Como gerente en el servicio de comidas, usted es responsable de proteger a los clientes sirviéndoles una comida segura e integra. Para lograrlo, usted debe educar a sus empleados y motivarlos para que pongan en práctica cada paso aprendido sobre seguridad alimentaria. Para poder realizar esto, usted necesita un proceso sistemático para identificar riesgos potenciales, para poner en su lugar los procedimientos de seguridad y para monitorear el éxito de su sistema de seguridad regularmente. El HACCP le ayuda a conseguir todas esas cosas.

Utilizando el HACCP, usted puede identificar comidas potencialmente peligrosas y lugares en el proceso de preparación de comidas donde puede ocurrir la contaminación bacteriana y su desarrollo. Luego usted debe iniciar acciones para minimizar el riesgo.

El HACCP esta basado en el siguiente principio: Si los ingredientes crudos son seguros al igual que el proceso, el producto terminado debe ser seguro.

La implementación de HACCP involucra siete pasos claves. Si usted logra cumplir estos pasos, logrará:

1. Evaluar los riesgos.

2. Identificar los "puntos de control críticos."

3. Establecer los "límites críticos."

4. Monitorear los "puntos de control críticos.

5. Tomar la acción correctiva necesaria.

6. Desarrollar un sistema de registro.

7. Verificar la efectividad de su sistema.

Contaminación Cruzada Bacterial

Una de las causas más comunes de enfermedades provenientes de la comida es la contaminación cruzada: la transferencia de bacterias de una comida a la otra, de la mano a la comida o del equipamiento a la comida. Mientras que los casos de contaminación cruzada ocurren en los espacios privados del restaurante, los meseros también pueden causarla. Un ejemplo de esto es el uso de una misma tabla de picar para rebanar tomates y para trozar pollo crudo. Utilice tablas diferentes para las áreas de ensaladas y de servicio. Hay tablas acrílicas de colores disponibles en el mercado para hacer más sencillo recordar el uso de cada tabla. Cuelgue un letrero donde se guardan las tablas de picar, indicando a los meseros que las verdes son aptas para cortar ensalada.

De Comida a Comida

Los ingredientes contaminados crudos se pueden unir a las comidas o los fluidos de alimentos crudos pueden chorrear sobre comidas que no recibirán cocción. Un error común es dejar carne en el estante superior del refrigerador donde sus líquidos puedan caer sobre comidas preparadas de estantes inferiores.

De la Mano a la Comida

Se pueden encontrar bacterias en todas las partes del cuerpo: en el pelo; en la piel; en la ropa; en la boca, en la garganta y nariz; en el tracto intestinal; y en las cascarillas de las lastimaduras. Estas bacterias a menudo terminan en las manos donde pronto entran en contacto con los alimentos. La gente también puede entrar en contacto con las bacterias al tocar comida cruda y luego transferirla con las comidas cocidas o listas para comer.

Del Equipamiento a la Comida

Las bacterias pueden pasar del equipamiento a la comida cuando el equipamiento que estuvo en contacto con la comida cruda es luego utilizado para preparar otras comidas sin la adecuada limpieza y sanitización previa. Por ejemplo, la contaminación cruzada puede ocurrir cuando las superficies utilizadas para cortar aves crudas son luego utilizadas para cortar comida que será comida cruda, como los vegetales frescos.

Los protectores, tales como el embalaje plástico y los contenedores para guardar y servir, pueden también albergar bacterias que después se traspasan a la comida. Un abrelatas, una caja de plástico o una rebanadora también pueden convertirse en fuentes de contaminación cruzada si no son sanitizados entre uso y uso.

Prácticas no Sanitarias

Hay algunas practicas sanitarias que sus meseros deberían evitar como mascar chicle, comer en áreas donde se prepara comida y tomar la comida con sus dedos. Además asegúrese que los meseros cubran cualquier herida y utilicen guantes al manipular la comida. Además, haga que sus empleados permanezcan en su hogar si están enfermos. Alguien resfriado o con gripe no debe entrar en contacto con comida. Los trabajadores de restaurantes acuden a trabajar enfermos para no perder dinero pero usted aliéntelos a practicar sanidad mediante la implementación de políticas que los hagan permanecer en sus hogares cuando estén enfermos. Considere dar a sus empleados unos días por enfermedad. Quizás usted puede tomar esto como un beneficio agregado después que el empleado estuvo con usted por un plazo de tiempo. Con el agregado de este beneficio, usted puede mantener su comida más segura y bajar la tasa de ausentismo.

Zona de Peligro

Mantenga a la comida alejada de temperatures peligrosas (45–140˚F). Asegúrese de mantener las comidas calientes calientes y las comidas frías frías.

Comidas Descongeladas

Descongele comidas en el refrigerador, microondas o debajo del agua corriente.
Si utiliza el sistema de agua corriente, no deje las comidas fuera por más de dos horas, y cocínela inmediatamente después de descongelar.

Recalentamiento de Comidas

No utilice tablas de vapor para recalentar la comida. Además asegurese al recalentar de que la temperatura llegue a los 165 F.

Enfriado de comidas

Al enfriar las sopas, colóquelas es varios recipientes para que se enfrien rápido. También puede utilizar una barra de hielo para acelerar el proceso de enfriamiento.

Uso de Termómetros

Si utiliza un termómetro de lectura instantánea, asegúrese de colocarlo dentro de la comida. También cerciórese que el termómetro esté bien calibrado para ser utilizado.

Sistema FIFO

Asegúrese de remarcar la importancia del método de almacenamiento FIFO (First in, first out – El primero que entra es el que primero sale). Esto le permitirá saber que los alimentos no estén vencidos. También asegúrese de etiquetar, fechar y cubrir todos los ítems y mantenga los productos de limpieza en otra áreas.

Recursos Informativos

Hay mucha información sobre seguridad de alimentos en internet. Para mayor información conéctese con estos sitios:

- Food Safety Training and Education Alliance en www.fstea. org ofrece materials de entrenamiento que incluyen videos y folletería.

- La USDA cuenta con materiales disponibles en su página web, aspi como también materiales sobre HACCP: www. nal.usda.gov/fnic/foodborne/haccp/index.shtml.

- The Food Safety and Inspection Service of the United States Department of Agriculture at www.fsis.usda. gov/OA/consedu.htm tiene información y recursos de entrenamiento.

- La página web The American Food Safety's en www. americanfoodsafety.com offers courses in food safety and Food Protection Manager Certification.

- The National Restaurante Association's Educational Foundation at www.nraef.org offers ServSafe certification.

- Food Safety First offers videos you can use for training at www.foodsafetyfirst.com.

- Gateway to U.S. Government Food Safety Information: www.foodsafety.gov.

- Bad Bug Book: http://vm.cfsan.fda.gov/~mow/intro.html.

- E. Coli Food Safety News: MedNews.Net®—www. MedNews.Net/bacteria.

- Safe Food Consumer: www.safefood.org.

- Food Safe Program: http://foodsafe.ucdavis.edu.

- International Food Safety Council: www.nraef.org/ifsc/ifsc_ about.asp?level1_id=2&level2_id=1.

Conocimiento Básico Sobre Bacterias

Las bacterias están en todos lados: en el aire, en todas las áreas del restaurante y sobre el cuerpo de uno. La mayoría de las bacterias son microscópicas e inofensivas para las personas.

Muchas formas de bacteria son en realidad benéficas y contribuyen en la producción de alimentos como el queso, el pan, la manteca, las bebidas alcohólicas, etc. Solamente un pequeño porcentaje de bacteria echa a perder la comida y puede generar una forma de envenenamiento luego de su consumo.

Las bacterias necesitan alimento, agua y calor para sobrevivir. Su tasa de crecimiento depende de cuán favorables sean esas condiciones. Las bacterias prefieren ingerir alimentos húmedos-saturados, tales como la carne y los productos lácteos. Ellas no crecerán tan rápidamente en alimentos secos como los cereales, el azúcar o la harina.

Las bacterias crecen más rápidamente cuando la temperatura está entre $85°-100°F$. En la mayoría de los casos, la tasa de crecimiento disminuye drásticamente si la temperatura es más baja o más elevada que esta. Es por eso que es de vital importancia que los productos perecederos sean refrigerados antes que las bacterias tengan la posibilidad de establecerse y multiplicarse. Algunas bacterias pueden sobrevivir aún en rangos de temperatura extremos. Al exponer a estas bacterias a temperaturas importantes, usted disminuirá su tasa de crecimiento, pero no necesariamente las eliminará.

Formas peligrosas de bacteria

La siguiente sección describe un número de bacterias nocivas que pueden encontrarse en un restaurante. Lo nomenclatura técnica y de jerga se da para su propia información. Los puntos importantes a retener son las causas y las acciones preventivas para cada uno.

Clostridium Perfringens

Clostridium perfringens es una de un grupo de enfermedades infecciosas bacterianas que posee un efecto de envenenamiento. Estas bacterias son extremadamente peligrosas porque no tienen ni sabor, ni olor ni color, y por lo tanto resultan casi imposibles de detectar.

Clostridium perfringens se encuentra a menudo en la carne o en los mariscos que hayan sido cocinados y luego dejados a temperatura ambiente por un período de tiempo. Estos perfringens son anaeróbicos. No necesitan del aire para sobrevivir. Las bacterias se pueden desarrollar en masas de comida o en comidas enlatadas bajo la forma de botulismo. Para sobrevivir, la bacteria forma una espora y se rodea a sí misma. La espora protege a la bacteria de la exposición al aire y le confiere un rango de temperatura mucho mayor para la supervivencia en comparación a otras bacterias: 65°–120°F. Estas formas bacteriales pueden sobrevivir por largos períodos de temperatura extrema y luego multiplicarse cuando las condiciones sean más favorables.

Mantener la comida cocinada por arriba de 148°F o por debajo de 40°F elimina la bateria clostridium perfringens.

Clostridium Botulism

Esta es otra de las formas del envenenamiento bacterial. El botulismo es una enfermedad infecciosa no frecuente pero que resulta mucho más letal que una enfermedad de cualquier otro tipo. El botulismo existe solamente en medios carentes de aire como el que se encuentra en las comidas enlatadas. Estas bacterias son más a menudo halladas en conservas caseras; sin embargo, varias empacadoras nacionales de comida han reportado la presencia de estas bacterias en sus operaciones.

Los síntomas como vómitos, visión doble, dolor abdominal y shock pueden tener ocurrencia en cualquier momento desde las tres o cuatro horas posteriores a la ingesta hasta los ocho días siguientes. Examine todas las mercaderías enlatadas rigurosamente antes de abrirlas. Busque latas dañadas, con pérdidas, hinchadas recipientes abiertos.

Envenenamiento con estafilococos

Las bacterias Estafilococo (Staph) son quizás la causa más común de envenenamiento de comestibles. La bacteria Staph puede encontrarse en todos lados, particularmente en la nariz humana. La bacteria en sí misma es inofensiva. El problema surge cuando se la deja crecer sin control sobre comestibles. La comida que se deja afuera del refrigerador, sin frío, aunque sea por pocas horas puede producir las toxinas envenenadoras de la bacteria Staph.

Los síntomas aparecen de dos a seis horas después del consumo. Los síntomas comunes son vómitos, bevilidad muscular, calambres y diarrea. La enfermedad va de casos muy severos—a veces letales—a malestares relativamente menores. Para prevenir el envenenamiento con Staph, siga los procedimientos de refrigeración indicados.

Solo quite del refrigerador los elementos comestibles que utilizará inmediatamente.

Infección con Salmonella

La infección con Salmonella es causada directamente por las bacterias, luego de ser consumidas por un humano.

En ciertos casos, sobreviene la muerte; sin embrago, usualmente la Salmonella causa una enfermedad severa pero temporaria. Los síntomas son vómitos, fiebre, dolor abdominal y calambres. Los sintomas aparecen usualmente 12–24 horas después del consumo y pueden permanecer por varios días.

La Salmonella es encontrada en el tracto intestinal de algunos animales. También se la descubrió en comidas envasadas, huevos, productos de caza, mariscos y carne. A través de la cocción y del seguimiento de los procedimientos de refrigeración se puede mantener el crecimiento de la Salmonella dentro de límites seguros. La hepatitis, Dysentery y la difteria son algunas de las otras enfermedades infecciosas derivadas de las bacterias.

Control Bacteriano

El primer paso para controlar las bacterias es limitar su acceso al restaurante. Tenga certeza de que todos los productos que ingresan al restaurante estén limpios. Siga los procedimientos de exterminio prescriptos para evitar que las bacterias sean transportadas dentro del restaurante. Mantenga todos los productos comestibles almacenados y refrigerados como se prescribe. Limpie cualquier derrame que deje a su paso, creando un campo hostil para la proliferación de bacterias. Mantenga toda la comida refrigerada hasta que la necesite, y cocínela tan pronto como sea posible.

La calidad conocida como "pH" indica cuan ácida o alcalina ("básica") es una sustancia o comida. La escala de pH va del 0.0 al 14.0, siendo pH 7.0 exactamente neutro. El agua destilada, por ejemplo, tiene un pH neutro de 7.0. Las bacterias crecen mejor en comidas neutras o levemente ácidas, con un rango de pH que oscila entre 4.6 y 7.0. Las comidas altamente ácidas, como el vinagre y la mayoría de las frutas frescas, inhiben el crecimiento bacteriano. Las carnes y muchas otras comidas tienen un pH óptimo para el desarrollo de bacterias. Por otra parte, algunas comidas consideradas peligrosas, como la mayonesa y la crema pastelera, pueden ser mantenidas a temperatura ambiente si su pH está por debajo de 4.6. Bajar el pH de las comidas con el agregado de acidulantes, como chucrut de calabaza o pickles de pepinos, puede evitarles un peligro no potencial. Este no es un método preventivo a prueba de tontos, sin embargo. Por ejemplo, a pesar que la mayonesa comercialmente preparada tiene un pH menor a 4.6, agregar mayonesa a una ensalada de carne no inhibe a las bacterias. La humedad de la carne y el pH de la carne tienen tendencia a elevar el pH de la ensalada hasta el punto en el que la bacteria se puede multiplicar.

Higiene

La higiene personal es la mejor manera de evitar que las bacterias contaminen y se proliferen en nuevas áreas. Las manos son las grandes fuentes de contaminación. Las manos deben ser lavadas constantemente a lo largo del día. Cada vez que un individuo se rasca su cabeza o estornuda, expone sus manos a las bacterias y las desparrama por todo lo que toca, como puede ser sobre la comida, equipamiento y vestimenta. Los cepillos de manos y uñas, los jabones antibacteriales y los guantes descartables deben ser parte de cada restaurante, aunque no sean exigidos por ley. El entrenamiento apropiado y el seguimiento de la gerencia son también factores críticos.

Cada empleado debe practicar una buena higiene básica:

- Cabello corto, y/o cabello contenido dentro de una red.

- Prolijamente afeitados, o con el bello facial contenido dentro de una red.

- Ropa limpia/uniformes limpios.

- Manos limpias y uñas cortas.

- No utilizar alhajas innecesarias.

- Una ducha o baño diario.

- No fumar en la cocina ni cerca de ella.

Un empleado que presenta síntomas de resfriado común o cualquier corte abierto o infección no debería ir a trabajar. Con la simple respiración, el o ella puede sin quererlo exponer el medio ambiente a bacterias. Sin embargo ésto es raramente llevado a la práctica en la industria de la comida. A todos los empleados se les pide un exámen médico completo como condición para el empleo. Este exámen debe incluir análisis de sangre y de orina. Un individuo aparentemente sano puede sin saberlo ser el vector de una enfermedad transmisible latente.

El lavado de manos es tal vez el aspecto más crítico de la buena higiene personal en el servicio. Los empleados deberían lavar sus manos después de llevar a cabo las siguientes actividades:

- Fumar (las manos entran en contacto con la boca).

- Comer (las manos entran en contacto con la boca).

- Usar los sanitarios.

- Manejar dinero.

- Tocar comida cruda (la comida cruda puede contener bacterias).

- Tocar o peinar el cabello.

- Toser, estornudar o sonar su nariz.

- Tomar un descanso.

- Manipular algo sucio (tocar un delantal sucio o sacar la basura, por ejemplo).

Los trabajadores deben lavar sus manos con jabón y agua tibia por 20 segundos. Al trabajar con comida, deben lavar las manos con guantes con la misma frecuencia que sin ellos.

El método apropiado para lavarse las manos es el siguiente:

1. Quite cualquier alhaja.

2. Utilice el agua caliente hasta el punto máximo en que pueda soportarla.

3. Humedezca las manos y antebrazos hasta los codos.

4. Enjabónelos minusciosamente.

5. Frote por espacio de al menos 20 segundos, resfregando las manos entre sí, lavando entre los dedos y hasta los codos.

6. Utilice un cepillo para la parte de abajo de las uñas.

7. Enjuague las manos y antebrazos con agua caliente.

9. Seque las manos y antebrazos con papel toalla.

Al manipular los artículos que se llevarán a la mesa:

• Utilice guantes plásticos para manipular directamente lo que va a la mesa (recuerde, usar un guante no implica que no puede contaminar de manera cruzada).

• Utilice cucharas plásticas para retirar hielo de la máquina.

• Evite tocar las superficies de contacto de la comida. Por ejemplo, los meseros no deberían tomar a los vasos por los bordes y deberían transportar los platos por la parte de abajo o por los bordes, manteniendo sus manos alejadas de las superficies donde se come. Los empleados también deben recoger los artículos de platería por las manijas.

Capítulo 16

Formulario del Lugar de Trabajo

Formularios Útiles

La siguiente sección extra contiene más de 25 formularios, bosquejos, posters y diagramas diseñados para hacer más fácil el trabajo del mesero. Todos los ítems derivan del libro de Atlantic Publishing "The Encyclopedia of Restaurante Forms", una referencia invaluable para cualquier restaurante. Tanto los operadores nuevos como los veteranos dentro del servicio de comidas encontrará que este libro es esencialmente un "kit de supervivencia" único

Terminología del Servicio de Comidas

ABREVIATURAS COMUNES EN EL SERVICIO DE COMIDAS	
M.I.T. Manager in training (Gerente en entrenamiento)	**S.A.** Service assistant (Asistente de servicio)
M.O.D. Manager on duty (Gerente de turno)	**P.P.A.** Per person average sales (Persona de ventas promedio)

2 TOP (OR DEUCE) Una mesa para dos personas.

4 TOP Una mesa para cuatro personas.

86'D Item que ha sido discontinuado y ya no se encuentra disponible.

ALMACÉN El área donde los materiales e insumos secos, tales como latas y productos de papel, son almacenados.

CÁMARA Un refrigerador o freezer lo suficientemente grande como para caminar dentro de ella.

CASAMIENTO Proceso de combinar contenedores y botellas prácticamente vacíos como de ketchup por ejemplo, para obtener contenedores llenos.

CONDIMENTO Sustancias tales como ketchup, sal, pimienta, salsa, vinagre o especias, utilizadas para saborizar o complementar una comida.

CONTAMINACIÓN La presencia de un agente sobre o dentro de algún producto, o cualquier objeto que pueda entrar en contacto con un comestible. Esta sustancia extraña puede producir una reacción adversa cuando una persona ingiere el alimento.

CONTAMINACIÓN CRUZADA La transferencia de peligros de índole biológica, física o química hacia los comestibles proveniente de harapos, contacto con comestibles crudos, contacto con comida previamente cocinada, contacto con superficies sucias o con las manos sucias de los trabajadores.

DETRÁS DE TI Si se aproxima a alguien rápidamente por atrás, diga "detrás de ti" para alertarlos de su presencia.

DESMONTAR Cuando el cliente se retira, se quita toda la vajilla sucia de la mesa.

DRAGGING Algo que falta o es incorrecto.

DUMPSTER PAD Área, tradicionalmente detrás del establecimiento, donde se arrojan los residuos.

EN ESPERA Cuando el establecimiento tiene su capacidad cubierta y aún así los clientes siguen llegando.

ESTACIÓN Mesas o sección de un restaurante que se le asigna a un mesero para que brinde su atención.

FACING Proceso consistente en alinear el efectivo de manera tal que los billetes miren en igual dirección.

FOLLOW RUNNER La persona que sigue o asiste al ronner.

HISTORIA Una anécdota o evento pasado.

INVITADO Los clientes de un restaurante. Es importante tratarlos educadamente y con cortesía en todo momento y brindarles el mejor servicio posible.

IN THE WEEDS Extremadamente ocupados (un paso por debajo de "Tapados").

ON THE RAIL Item necesitado con urgencia.

PIVOT POINT Posición en la mesa desde la cual las ordenes son tomadas en sentido horario.

PUNTO DE CONTROL Un punto, paso o procedimiento que controla los peligros a los que se expone la comida, incluyendo los peligros biológicos, físicos y químicos. Generalmente en un punto de recepción o almacenamiento.

PUNTO DE CONTROL CRÍTICO Un punto, paso o procedimiento en el proceso de manipulación donde los controles pueden aplicarse y los peligros de contaminación de comestibles pueden ser evitados, eliminados o reducidos a niveles seguros. Un factor cuantificable como tiempo, temperatura, acidez, oxigenación, comida y actividad del agua.

REACH-IN Una unidad de refrigeración a la cual se accede.

RUNNER Persona encargada de llevar la comida a la mesa.

SPEC (O ESPECIFICACIÓN) Una descripción de los criterios correctos tales como procedimiento, producto o receta (típicamente especificado en el libro de recetas).

WEED EATER Una persona cooperativa que colabora con los que están "out of the weeds."

TAPADOS Excepcionalmente ocupados, con la capacidad máxima cubierta.

TRABAJO Ejecución de la tarea que se le pide que realice.

Reglas de Vida

1 Sea alegre.

2 Aliente al trabajo bien hecho y motive a los demás.

3 Si no sabe como hacer algo, pregunte.

4 Si comienza algo, termínelo.

5 Si abre algo, luego ciérrelo.

6 Si enciende algo, luego apáguelo.

7 Si rompe algo, repárelo luego

8 Si cambia algo de lugar, regréselo a donde corresponde.

9 Si ensucia, limpie (inmediatamente).

10 Puede estar en desacuerdo sin ser desagradable.

11 Dé lo mejor de sí.

12 Haga que su negocio le importe.

Lista de chequeo para el Mesero

Para proveer un servicio de calidad, los meseros y las meseras deben cumplimentar los siguientes requerimientos:

☑ Me presento y hago sentir bienvenidos a los clientes.

☑ Conozco el menú y las bebidas minuciosamente y puedo responder las preguntas de los clientes con facilidad.

☑ Sirvo la comida y las bebidas de manera rápida y correcta.

☑ Mantengo las mesas de los clientes limpias durante el transcurso de la comida removiendo los platos sucios o sin uso.

☑ Siempre utilizo los acompañamientos adecuados para cada comida.

☑ Estoy familiarizado con nuestra lista de vinos y conozco los procedimientos correctos para el servicio de vinos.

☑ Me aseguro que los vasos de agua se mantengan llenos.

☑ Chequeo al menos dos veces que todo esté en orden o para ver si puedo ayudar con algo más.

☑ Trato de anticiparme a las demandas y necesidades de los clientes.

☑ Exhibo un sentido de compañerismo hacia mis pares.

☑ Estoy orgulloso de mi trabajo y lo demuestro.

☑ Tengo el conocimiento necesario para responder a los clientes sobre todos los aspectos del restaurante.

☑ Excedo las expectativas de los clientes.

15 Pasos de guía para la apertura

A continuación se detalla una guía de 15 pasos para la apertura de su establecimiento. Usted puede seguir la secuencia de manera alternada, pero asegúrese que la seguridad sea la prioridad principal. Si usted siente que puede entrar a un medio peligroso, debería contactar a la policía de inmediato.

La Seguridad es la Prioridad–Revise Antes de Entrar

Al llegar, busque signos de violencia, tales como vidrios rotos, ventanas rotas, puertas abiertas, autos abandonados, mendigos o personas desconocidas dentro del local, etc.

Si viera algo sospechoso, llame a la policía de inmediato. No ingrese al edificio.

1. Chequee la apariencia y limpieza exterior del edificio. Asegúrese que los carteles sean correctos.

2. Destrabe la puerta de entrada, ingrese y desactive el sistema de alarma.

3. Encienda las luces que sean necesarias, incluyendo las exteriores.

4. Chequee la limpieza y apariencia del establecimiento en general. Ponga atención a las tareas que no fueron llevadas a cabo en su totalidad.

5. Chequee el libro de anotaciones de la noche anterior y los procedimientos de cierre. Revise las tareas incompletas.

6. Chequee los mensajes de voz y los e-mails.

7. Chequee el estado de los empleados que cerraron la noche

anterior.

8. Chequee el horario diario para asegurarse que todas las posiciones se cubran adecuadamente. Vea los agregados o los cambios.

9. Chequee la exactitud de las ordenes de comida para asegurarse que se hayan ordenado los suficientes productos. Chequee sus productos utilizados con mayor frecuencia para asegurarse de tener la cantidad suficiente para preparar las comidas.

10. Prepárese para la llegada de los empleados de apertura. Destrabe la puerta principal o de entrada de empleados. Controle a los empleados cuando se registran o marcan tarjeta. Asegúrese que los empleados tengan los uniformes correspondientes y estén limpios y presentables.

11. Asigne a los empleados de apertura sus tareas laborales

12. De comienzo a los procedimientos contables. Chequee la seguridad y acomode los cajones de dinero si es necesario.

13. Asigne a un empleado las tareas de limpieza del turno.

14. Chequee el progreso de los empleados y asegúrese que la preparación de la comida se rija por standards. Si todas las tareas de apertura están completas, ayude a los empleados en donde lo necesiten.

15. A la hora de apertura establecida, destrabe las puertas y coloque el cartel de "abierto".

Protocolo Internacional

Las costumbres y practicas de otros países a menudo varían en relación a las tradiciones americanas, y esto puede afectar a su restaurante. A continuación se presentan algunos puntos generales para tener en cuenta al servir a clientes internacionales.

- Sea siempre flexible y complazca las demandas de sus clientes.

- Hable claramente y utilice frases fáciles de comprender, evite las jergas, el lenguaje vulgar y las frases coloquiales.

- Si necesita dirigirse a un cliente, utilice títulos tales como doctor o profesor de ser posible, o de lo contrario frases de cortesía comunes como "señor o señora."

- Los títulos son muy importantes para los alemanes. Trate de poner lo mejor de sí para dirigirse a las personas por su título completo correcto, no importa la longitud que tenga.

- Si se pide agua, ofrezca agua embotellada.

- El estilo continental es de práctica común en todo el mundo. El tenedor se sostiene con la mano izquierda y el cuchillo por la derecha, siempre.

- No señale con el dedo. En cambio si puede hacer un gesto con su mano abierta y la palma hacia arriba. Los gestos manuales tienen distintos significados alrededor del mundo y usted no querrá sin intención insultar a un cliente. Por ejemplo, evite el signo de "OK"; en Japón significa dinero. En Australia, el signo de "pulgar arriba" o el índice para llamar a alguien, son dos gestos ofensivos.

- Al servir a personas de naciones arábigas, no sirva u ofrezca nada con su mano izquierda. En su cultura, la mano izquierda es solamente utilizada para la higiene.

- Sirva educadamente, con conversaciones mínimas. En Indonesia, hablar es signo de mala educación mientras se come. La conversación es reservada para antes o después de la comida.

* Tenga presente que aunque una persona no hable inglés, el o ella puede comprenderlo. No esboce ningún comentario acerca de la persona en su presencia.

* El contacto visual es un comportamiento cultural. Los franceses establecen y mantienen un contacto visual más extenso que los americanos. En las culturas japonesas y coreanas, el contacto visual directo es considerado intimidatorio por lo tanto evite mirar a los ojos de los clientes japoneses y coreanos.

* El espacio personal varía inmensamente entre culturas. La burbuja de espacio americano se extiende de 12 a 15 pulgadas, o la distancia aproximada de la longitud de los brazos. Los alemanes mantienen un mayor espacio personal alrededor de ellos, aproximadamente de 6 pulgadas más que los americanos. Los chinos tienden a conversar con mucha cercanía unos con otros. Otras culturas también se acercan mucho. Usted puede verse tentado a retroceder; pero no lo haga.

* Al terminar de comer, los cubiertos deben colocarse en posición de marcar las 5 sobre el plato. Uno puede asumir que el cliente ha terminado de comer. Al retirar los platos, pregunte "Señor/Señora, ¿Puedo retirar su plato?" en lugar de "¿Terminó?"

* De ser posible, contrate meseros y personal multilingüe para confort de los clientes.

Disposición del Equipamiento del Cuarto de Platos

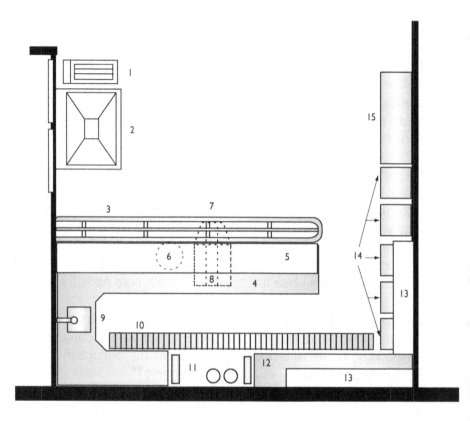

1. Silver burnisher	6. Disposal (3 h.p. hammermill type) and scrap chute	10. Dish-rack conveyor
2. Linen hamper	7. Silverware chute	11. Dish machine
3. Tray rail	8. Silverware soak tank	12. Clean-dish table
4. Soiled-dish table	9. Prerinse sink with flexible spray arm	13. Overshelves (two)
5. Glass rack overshelf		14. Dish-rack dollies (five)
		15. Storage cabinet

Disposición Detallada del Equipamiento de Cocina

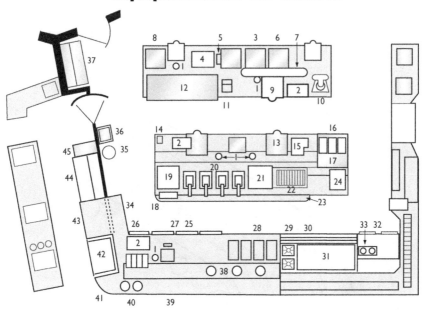

1. Knife wells (five)	14. Can opener	30. Wooden cutting board
2. Composition cutting boards (three)	15. Slicer	31. Griddle
3. Stainless-steel combination pot and pan washing table with three-compartment sink and meat and vegetable drawers (two)	16. Closed-top range	32. Base cabinet refrigerator
	17. Exhaust canopy	33. Waffle grill
	18. Wooden cutting board	34. Pass-through window
4. Disposal (3 h.p. hammermill type)	19. Microwave oven	35. Trash can
5. Recirculating centrifugal pump	20. Deep fat fryers (four)	36. Wash basin
6. Flexible spray rinse arm	21. Griddle	37. Ice machine
7. Overhead pot rack	22. Open-top broiler	38. Heat lamps (two)
8. Single-compartment sink	23. Base cabinet refrigerator with overshelf	39. Waitstaff pickup counter
9. Stainless-steel salad preparation work table with undershelf		40. Soup wells (two)
	24. Steamer	41. Soup bowl lowerators
10. 12-quart mixer on mobile stand	25. Base cabinet refrigerator	42. Reach-in refrigerator, sliding-door type
11. Portion scale	26. Cold food wells (eight)	
12. Reach-in refrigerator	27. Sandwich grill	43. Customer takeout back counter
13. Stainless-steel meat and vegetable preparation worktable with angle-compartment sink, drawers (two), overshelf and undershelf	28. Hot food wells (four) and undercounter dish storage	44. Fountain
		45. Milkshake machine
	29. Open-top burners (two)	

Disposición Típica de Bar

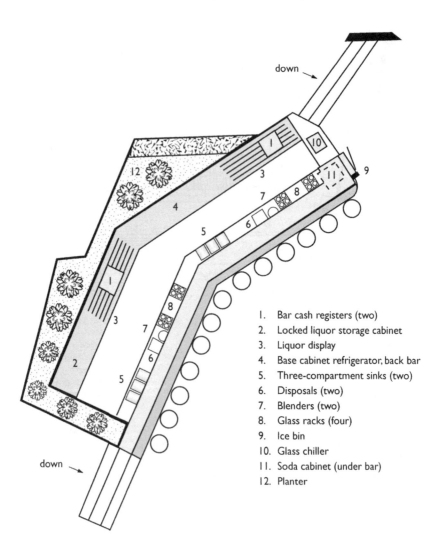

1. Bar cash registers (two)
2. Locked liquor storage cabinet
3. Liquor display
4. Base cabinet refrigerator, back bar
5. Three-compartment sinks (two)
6. Disposals (two)
7. Blenders (two)
8. Glass racks (four)
9. Ice bin
10. Glass chiller
11. Soda cabinet (under bar)
12. Planter

Terminología de Bar

25 COCKTELES MÁS PEDIDOS

- Destornillador
- Sombrero
- Mai-Tai
- Piña Colada
- Old Fashioned
- Tequila Sunrise
- Gimlet
- Margarita
- Martini
- Cosmopolitan
- Manhattan
- Gibson
- Bloody Mary

- Stingers
- Café
- Collins
- Fizzes
- Daiquiri
- Sours
- White Russian
- Black Russian
- Alabama Slammer
- Gin y Tonic
- Jugos/Tragos frutales
- Té helado Long Island

Terminología de Bar

APERITIVO   Trago que se bebe antes de la comida designado para estimular las papilas gustativas y el apetito. Puede ser un licor, vino o cocktail. El sherry es un ejemplo de aperitivo popular.

BACK   Es el trago de acompañamiento, o segundo cocktail, servido en un segundo vaso. "Bloody Mary con back de cerveza" sería servido en dos vasos; uno con el Bloody Mary y el otro con la cerveza. También se lo denomina chaser.

AMARGOS (Bitters)   De sabor muy concentrado hecho de raíces, cortezas de árbol, hierbas y moras; utilizado en el cocktail Old Fashioned.

CALL LIQUOR (Call liquor)   Cualquier licor que no sea el licor well. El término americano se refiere a "llamar" a la marca de licor por su nombre, como "Captain Morgan® y Coca Cola" en lugar de "ron y cola."

CORDIAL   Un licor producto de la mezcla o redestilado de bebidas espirituosas neutras. Son utilizados frutas, flores, hierbas, semillas, raíces, plantas o jugos y se les agrega un endulzante. La mayoría de los cordials son dulces, coloridos y altamente concentrados. Muchos son elaborados con recetas y procedimientos secretos.

CREMA   Un cordial, como por ejemplo la Crema de Menta, con un muy elevado contenido de azúcar. Su consistencia cremosa le da el nombre al prefijo.

PIZCA   Una sexta parte de cuchara de té.

SECO   "Seco" significa "no dulce." Un Manhattan seco significa que se debe utilizar un vermouth seco en lugar de uno dulce. Un martini seco se refiere al uso de un vermouth seco.

DOBLE Combinación de dos tragos en un vaso largo. Los tragos dobles pueden ser más fuertes ya que no se cuenta con demasiado espacio en la cocktelera.

BANDERA Una rodaja de naranja y una cereza sostenidas juntas por un palillo.

FRAPPES Combinación de varios licores servidos sobre hielo en copos o molido.

HIGHBALL Licor servido con hielo, soda, agua, ginger ale u otros líquidos carbonados.

JIGGER Un jigger, o shot, es un contenedor pequeño con forma de vaso que se utiliza para medir el alcohol.

LICOR (Liqueur) Bebida alcohólica dulce hecha de una infusión de ingredients saborizantes y una bebida blanca.

LICOR Bebida alcohólica destilada, obtenida de mosto fermentado de varios ingredientes.

MIST Hielo molido, no en cubos.

NEAT Licor que se toma diluido en hielo, agua o mezclas.

ON THE ROCKS Una bebida servida sobre hielo sin el agregado adicional de agua u otras mezclas.

PROOF La medida de la fuerza del alcohol. Un (grado) proof es igual a una mitad del uno por ciento del alcohol. Por ejemplo, 100 proof es igual al 50% de alcohol.

STRAIGHT UP Cocktails servidos sin hielo.

ESTANTE SUPERIOR (O top shelf) Marcas caras, de alta calidad como Courvoisier® .

TWIST Decoración de cáscara de limón enroscada. La cáscara es enroscada sobre el trago, corre por el borde y cae dentro del trago.

VIRGEN Un cocktail sin alcohol.

WELL la marca de licor "de la casa" . También el área en donde el licor fue hecho

Insumos de Bar

ALGUNOS COMPONENTES DE MEZCLA, JUGOS Y DECORADOS COMÚNMENTE UTILIZADOS EN EL BAR

JUGOS

Jugo de naranja

Jugo de arándanos

Jugo de ananá

Jugo de uva

Jugo de tomate

Jugo de lima

Jugo de limón

FRUTA FRESCA

Naranjas

Limas

Bananas

Cerezas

Frutillas

Cáscaras de limón

Limones

Ananá

SODA & AGUA

Coca Cola o Pepsi

Coca Cola Diet o Pepsi Diet

Sprite o 7-Up

Ginger ale

Agua tónica

Agua-soda

Agua mineral con o sin gas

Agua purificada

DECORACIONES

Cerezas

Aceitunas rellenas

Cebollines de cocktail

Sal Kosher

Sal de apio

MEZCLAS, MISC.

Mezcla de Bar Agri-dulce

Concentrado de crema de coco

Granadina

Amargos

Jarabe de Horchata

Salsa Worcestershire

Salsa Tabasco

Almíbar (agua saturada de azúcar)

Decoración Específica de Tragos

GUÍA DE DECORACIÓN

- Para bebidas alcohólicas, un sorbete para cada trago con hielo.

- Cocktails infantiles – una bandera de naranja o dos cerezas.

- Tres cebollines de cocktail – en el trago.

- Dos aceitunas por espada – en el trago.

- Cerezas – sin espadas.

- Twist o cáscaras enroscadas– cáscara del limón utilizada para saborizar el borde de los vasos, luego arrojadas dentro de los tragos.

DECORACIÓN DE TRAGOS

Manhattans: cereza

Gibson: cebollines de cocktail

Martini: aceituna o cáscara enroscada de limón (preguntar al cliente cual es su preferencia)

Collins y Sours: naranja pinchada con una cereza

Tragos con Tónica: cuña de lima

Rob Roy: cereza

Old Fashioned: cereza

Tragos con Mezcla de Bloody Mary: cuña o rueda de lima, apio o pickle.

Tragos con Café: crema batida, cereza

Todos los Refrescantes: rueda o cuña de lima

Tragos con Jugo de Ananá: cuña de ananá pinchado con una cereza

Tragos con Jugo de Naranja: naranja pinchada con una cereza

Margaritas/Daiquiri: rueda de lima o cuña de limón

Terminología de Vino

ACIDEZ   Se refiere al grado de agudez o amargura del vino al degustarlo. La acidez es un elemento esencial que se aplica a los ácidos cítricos, acido málico, tartáricos y lácticos en el vino. Los componentes acidulantes le confieren al vino longevidad, pero necesitan estar en balance con los otros componentes del vino.

GUSTO FINAL   Es el gusto que perdura en la parte posterior de la boca. También conocida como "terminal."

AROMA La fragancia de la uva.

ASTRINGENCIA   La calidad que crea una sensación seca en la boca, resultado típicamente atribuido a la presencia de taninos. Una astringencia moderada se considera deseable en la mayoría de los vinos tintos de mesa.

AUSTERO   Los taninos o la acidez pueden volver a un vino duro y poco interesante.

BALANCE   Proporción placentera de fruta, azúcar, acidez, taninos, alcohol y otros constituyentes del vino.

CUERPO   La densidad y viscosidad de un vino en referencia a la impresión de cuerpo y peso en el paladar, puede ser de cuerpo ligero, cuerpo medio, o con cuerpo generoso.

BOUQUET   La parte de la fragancia del vino que se origina por la fermentación y el añejamiento; tan distinguida como el aroma.

RESPIRACIÓN   Dejar al vino a temperatura ambiente por 30 minutos aproximadamente después de abrir la botella para permitir que el aire se mezcle con el vino para resaltar el sabor y los aromas.

BRUT Champagne muy seco.

SÓTANO   Lugar donde se conservan las botellas de vino, generalmente bajo una temperatura controlada.

LÍMPIDO   Un vino brillante sin sólidos suspendidos o agrupados.

COMPLEJO Una variedad y rango de aromas y bouquets con múltiples capas de sabor.

DECANTAR Volcar vino de una botella de cosecha antigüa en la cual se ha depositado sedimento.

SECO   Ausencia de dulzura. Un vino en el cual la mayoría del azúcar original de las uvas se ha convertido en alcohol.

FERMENTACIÓN Proceso de transformación donde el azúcar se convierte en alcohol (el jugo de las uvas se transforma en vino).

FORTIFICADO Aumento del contenido alcohólico del vino mediante el agregado de brandy. Los vinos fortificados, tales como el sherry y el port, son alrededor de un 50% más fuertes que los vinos de mesa.

SEDIMENTO Material que se asienta en el fondo de un vino, muy común en los vinos tintos de cosechas antigüas. La botella debe ser colocada hacia arriba antes de servir, de manera tal que las partículas se asienten en el fondo.

SOFT Baja acidez y/o contenido de taninos; vinos con un acabado placentero.

SOMMELIER Mesero especializado en vinos o experto que ofrece una guía sobre la elección de vinos y su servicio.

SANO Vino con cualidades placenteras generales: agradable a la vista, de buen aroma y gusto.

AMARGO Vino excesivamente ácido.

SPLIT Una botella de vino de 6 onzas.

VINO DULCE Rico en azúcares naturales, la fermentación en el vino dulce se detiene antes de que todo el azúcar de las uvas se haya convertido en alcohol.

TANINOS Componentes orgánicos que se encuentran más a menudo en vinos tintos que en blancos. Los taninos influencian el sabor y gusto en el paladar. En los vinos tintos, dan una sensación de cuerpo, siendo amenamente palatables. En los vinos dulces, el tanino contribuye a balancear el azúcar.

TART Acidez excesiva resultado de un vino saborizado por ácidos frutales.

TAWNY Rico, con color amarronado tipo caramelo.

THIN Gusto aguado con poco cuerpo o profundidad.

VINO VARIETAL Para que un vino reciba el nombre de varietal, debe contener al menos un 75% de la variedad de uva que le da nombre. Algunos ejemplos son Cabernet Sauvignon, Chardonnay, Riesling, Zinfandel, etc.

VINO DE COSECHA Si una fecha de cosecha es mencionada en la etiqueta (1980), significa que al menos un 95% del vino debe ser de uvas cultivadas en ese año.

VINERÍA Construcción donde las uvas son fermentadas y se convierten en vino.

Pronunciación de Vinos

Cabernet Sauvignon
Cah-bear-nay So-veen-yohn

Chardonnay
Shar-done-nay

Chenin Blanc
Chen-nahn Blohn

Fume Blanc
Foo-may Blohn

Johannisberg Riesling
Yo-han-iss-bairg Reez-ling

Merlot
Mare-low

Pinot Noir
Pea-no Nwar

Sauvignon Blanc
So-veen-yohn Blohn

Acompañamientos de Comida para Vinos

Par lograr la mejor combinación de comida y vino, es necesario analizar los componentes básicos tanto del vino como de la comida.

Ni la comida ni el vino deben taparse los sabores entre ellos. Los elementos principales a considerar son:
- Sabor, intensidad y características
- Peso
- Acidez
- Cantidad de sal
- Dulzura

Vinos Blancos
Servir con: Mariscos, pescados, presas de caza, sopas cremosas, salsas cremosas
- Chardonnay
- Semillon
- Sauvignon Blanc
- Riesling
- Chenin Blanc

Vinos Rosados
Servir con: postres, frutas, jamón, cerdo, ensaladas
- Vino Blanco Zinfandel

Vinos Tintos
Servir con: bifes, rostizados, animales salvajes o de caza, pasta, queso, jamón, ternero, cerdo
- Cabernet Sauvignon
- Merlot
- Pinot Noir
- Zinfandel

Efecto del Alcohol en el Manejo

─── UN TRAGO EQUIVALE ───

12 ounces of beer
(5% alcohol content)

3 ounces of wine
(12% alcohol content)

1 ounce of spirits
(80 proof)

Contenido de Alcohol en la Sangre .02%
Disminución de la actividad. La habilidad para
focalizarse en las tareas y prestar atención
puede verse afectada.

Contenido de Alcohol en la Sangre .05%
La visión es borrosa. El juicio y autocontrol
disminuyen gradualmente. Aumentan los
errores en el manejo del volante.

3-4
tragos

Contenido de Alcohol en la Sangre .08%
(legalmente ebrio en la mayoría de los estados)
Los tiempos de reacción son notablemente
menores.
Usted tiene 3 a 4 posibilidades incrementada
la capacidad de sufrir un accidente en
comparación a un conductor sobrio.

2-4
tragos

3-5
tragos

Contenido de Alcohol en la Sangre .10%
El tiempo de reacción disminuye aún más.
Los movimientos son torpes y carentes de
coordinación. Usted tiene 6 veces más de
posibilidades de tener un accidente.

2-5
tragos

4-7
tragos

Contenido de Alcohol en la Sangre .15%
El tiempo de reacción es afectado en
aumento. Su campo de visión se angosta.
Usted tiene 25 veces más posibilidades de
sufrir un accidente que un conductor sobrio.

3-7
tragos

Tabla de Contenido Alcohólico en Sangre

ESTA TABLA ES SOLO UNA GUÍA.
Los formularios son solo una guía. Hay numerosas variables que determinan como el alcohol afecta a los individuos.

HOMBRE

Porcentaje de alcohol en el flujo sanguíneo basado en el peso y consumo.

NÚMERO DE TRAGOS CONSUMIDOS EN EL PLAZO DE UNA HORA								
Peso	1	2	3	4	5	6	7	8	9
100	.04	.08	.11	.15	.19	.23	.26	.30	.34
120	.03	.06	.09	.12	.16	.19	.22	.25	.28
140	.03	.05	.08	.11	.13	.16	.19	.21	.24
160	.02	.05	.07	.09	.12	.14	.16	.19	.21
180	.02	.04	.06	.08	.11	.13	.15	.17	.19
200	.02	.04	.06	.08	.09	.11	.13	.15	.17
220	.02	.03	.05	.07	.09	.10	.12	.14	.15
240	.02	.03	.05	.06	.08	.09	.11	.13	.14

MUJER

Porcentaje de alcohol en el flujo sanguíneo basado en el peso y consumo.

NÚMERO DE TRAGOS CONSUMIDOS EN EL PLAZO DE UNA HORA								
Peso	1	2	3	4	5	6	7	8	9
100	.05	.09	.14	.18	.23	.27	.32	.36	.41
120	.04	.08	.11	.15	.19	.23	.27	.30	.34
140	.03	.07	.10	.13	.16	.19	.23	.26	.29
160	.03	.06	.09	.11	.14	.17	.20	.23	.26
180	.03	.05	.08	.10	.13	.15	.18	.20	.23
200	.02	.05	.07	.09	.11	.14	.16	.18	.20
220	.02	.04	.06	.08	.10	.12	.14	.17	.19
240	.02	.04	.06	.08	.09	.11	.13	.15	.17

Formulario de Negación de Servicio de Alcohol

Fecha: _____

Nombre del empleado que se niega a brindar el servicio: _____

Por favor redacte una breve descripción del motivo que lo lleva a pensar que al individuo no se le debería haber servido alcohol o cuando la decisión tomada fue la de discontinuar el servicio. _____

_____

_____

_____

¿Se exhibían signos de intoxicación como los siguientes? Chequee todos los que se apliquen al caso.

❑ Habla sin separación de frases
❑ Dificultad para encender un cigarrillo
❑ Discusiones o inconvenientes con otro cliente
❑ Llanto (incipiente o instalado)
❑ Cansancio o sueño
❑ Dificultad para enfocar con los ojos
❑ Pérdida de la memoria
❑ Derramamiento de tragos
❑ Caídas o tambaleos
❑ Dificultad para recoger el cambio

Por favor provea información específica sobre el cliente.

Nombre del cliente (si se conoce): _____

Sexo: ○ M   ○ F   Altura: _____   Peso: _____

Cabello: _____   Ojos: _____   Edad: _____

¿Aproximadamente cuanto tiempo permaneció el cliente en el establecimiento?

_____

Por favor enliste, si recuerda o sabe, la hora en la que el cliente ingresó, la hora en que abandonó el lugar y la hora en la que se le negó el servicio:

Llegada	_____	a.m./p.m
Partida	_____	a.m./p.m.
Hora de negación del servicio	_____	a.m./p.m.

¿Cuántos tragos consumió el cliente durante su estadía en el establecimiento?

◯ 1-2   ◯ 3-4   ◯ 5-6   ◯ 7-10   ◯ _____

¿Qué tomó el cliente? _____

¿Cuánto dinero gastó el cliente? _____

¿Cuál fue la reacción del cliente al negársele el servicio? _____

_____

_____

¿Se ordenó un taxi para el cliente? ◯ Si ◯ No

¿Se ordenó un taxi para el cliente?
◯ Si (Por favor liste) _____   ◯ No

¿Se dio parte a la policía? ◯ Si ◯ No

¿Hubo testigos de la negación del servicio? ◯ Si ◯ No En caso de que haya habido testigos, por favor cite sus nombres. _____

_____

_____

Firma del Empleado

_____

Aclaración   **Cargo**

_____

Firma del Gerente de Turno   **Aclaración**

Lista de Clientes en Espera

TIEMPO	NOMBRE	# DE PERS.	S/N/E	ESPERA ESTIMADA

Política de Seguridad

Seguridad para Todos los Empleados

La seguridad de los empleados es nuestra primera prioridad. Nuestro objetivo es que ningún empleado resulte herido mientras ejerce su trabajo. Los accidentes afectan a todos los que resultan involucrados; reducen sus ganancias y causan molestias físicas. Nos preocupa su bienestar general y necesitamos sus habilidades para el trabajo que realizan.

Obligaciones de la gerencia	Si ocurre un accidente	Responsabilidades del empleado
• Proveer un lugar de trabajo seguro • Proveer entrenamiento sobre el equipamiento antes de que los empleados hagan uso de los equipos • Proveer un entrenamiento apropiado para cualquier actividad potencialmente peligrosa tal como rebanar y levantar • Esté alerta de un registro de seguridad y realice cualquier cambio necesario para lograr una tasa cero de heridas	• Inmediatamente informe a un supervisor • Complete un formulario de accidente de empleados • No importa de cuan pequeño sea—reporte todos los cortes y heridas • Busque atención médica de ser necesario • Reporte condiciones inseguras a un supervisor de manera inmediata	• Tenga en mente la seguridad en todo momento • Notifique a su supervisor si usted observa que empleados actúan de manera que pueda resultar en una lesión

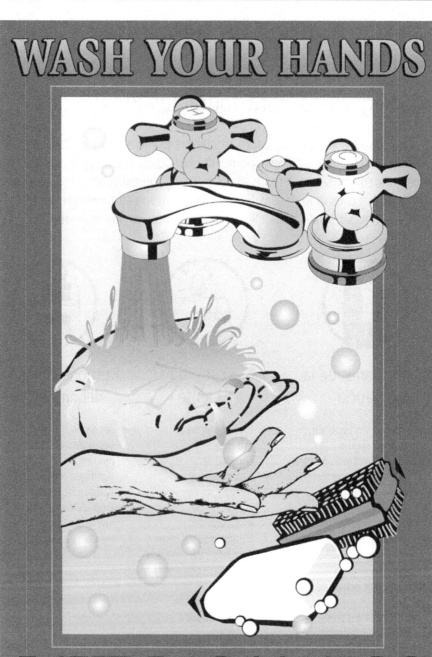

STEP-BY-STEP HANDWASHING

 **1** Use soap and warm, running water.

 **2** Rub hands together, under water, for at least 20 seconds.

 **3** Wash backs of hands, wrists, between fingers and under fingernails. Rinse.

 **4** Turn off water with a paper towel, not your bare hands.

5 Dry hands with an air dryer or paper towel.

El PASO POR PASO MANO LAVANDO

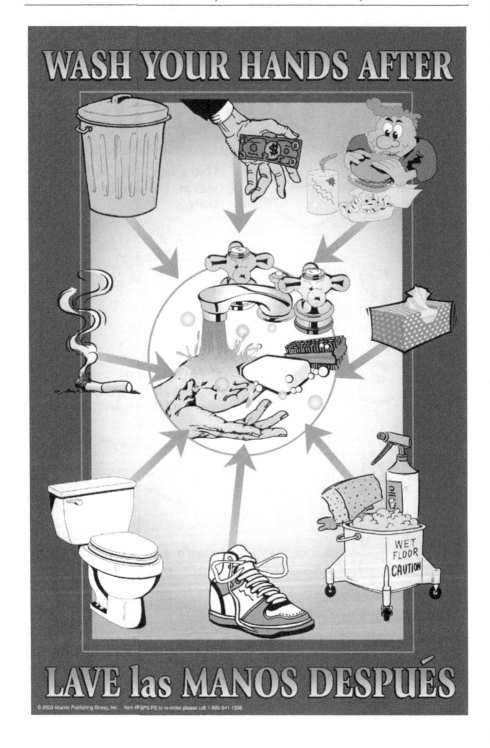

Índice

A

B

$\mathcal{D}$

$\mathcal{E}$

𝒩

𝒪

𝒫

W

CURSO DE ENTRENAMIENTO COMPLETO PARA MESEROS
VHS & DVD

NUEVO!

Para ordenar llame al 800-541-1336 o visite www.atlantic-pub.com

CURSO COMPLETO DE ENTRENAMIENTO PARA PERSONAL DE MESEROS– VHS & DVD

Con este nuevo video de entrenamiento de personal de meseros de 60 minutos de duración de alta calidad, su personal aprenderá como brindar un servicio de calidad consistente que no solo haga que los clientes regresen, sino que también cuenten a otros sobre esa memorable experiencia. Esta ayuda de entrenamiento es ideal para que funcione como columna vertebral en su programa de entrenamiento para meseros experimentados que siempre buscan aprender más, o para personas que nunca sirvieron mesas y les gustaría aprender lo básico para hacerlo. Los temas cubiertos incluyen:

- Servicio standard americano • Servicio de ventas de alcohol y vino • Preparación para el servicio
- Recibimiento y saludo a los clientes • Toma de ordenes de bebidas • Venta sugestiva
- Procedimientos correctos para el servicio • Toma de orden de comida • Colocación de la orden
- Recogida de la orden • Manipulación correcta de platos y vasos • Modales en la mesa
- Servicio de comidas • Completando el servicio • Manejo en momentos de máxima ocupación
- Atención a los comentarios de los clientes • Higiene y seguridad de los alimentos • Propinas e Impuestos

El video de entrenamiento está en el sitio y disponible cuando sea necesario; usted puede inmediatamente entrenar a un nuevo personal y actualizar al existente al mismo tiempo! Se incluyen guías de estudio y evaluaciones. Está disponible un certificado de culminación. 60 minutos. Disponible en VHS, DVD, PAL, Inglés o español.

Inglés VHS Video Item #CWS-EN $149.95
Inglés PAL Video Item #CWS-ENPAL $149.95
Inglés DVD Item #CWS-ENDVD-02 $149.95
Certificado de culminación- Inglés
Item #CWS-CREN $9.95 Item #CWS-CRSP $9.95

Español VHS Video Item #CWS-SP $149.95
Español PAL Video Item #CWS-SPPAL $149.95
Español DVD Item #CWS-SPDVD $149.95
Certificado de culminación- Español